JN290772

みんなちがって
みな同じ

―社会福祉の礎を築いた人たち―

滋賀県社会福祉協議会 編

はじめに

二一世紀に入り、介護保険や支援費制度が導入され、福祉サービスの利用者はもちろん、担い手である従事者、さらにはすべての国民の「社会福祉」にかかる関心は、二〇世紀の時代と比較すると、他人ごとから自らにかかわることへと大きく変化してきています。

日本の福祉は、約六〇年前の昭和二〇年（一九四五）八月の敗戦を境として、それまでの慈善、慈恵的な社会事業から、アメリカやイギリスの制度を参考に、新しい仕組みとしての社会福祉制度が導入され、発展を続けてきました。

しかし、制度にかかる基本的姿勢は、昭和二六年（一九五一）制定の社会福祉事業法 第三条に「社会福祉事業は、援護、育成または更生の措置を要する者に対し…（以下省略）」と述べられていたように、社会的に弱い立場の人々に対し、行政や事業にかかわる者が、ややもすれば守られる側と守る側、される側とする側という非対等な立場から、施策の実施などを行ってきたと言えます。

そんな戦後の混乱期や社会福祉が世間の人々の関心事にもならなかった時代から、常に利用者の立場に身を置き、未発達であるわが国の福祉制度に息吹を吹き込む実践家が、郷土滋賀県から数多く輩出されてきました。

滋賀の福祉は、その先輩の情熱的な思想や実践の上にあり、そして積み上げられてきた理論のもとに、土壌に蒔かれた福祉の種が、意思を受け継ぐ人々によって次々と芽吹いて花を咲かせ、実を結んできています。その芽吹いた種の一つが、序章にもある「抱きしめてＢＩＷＡＫＯ」といえます。この福祉の種の芽吹きやすい土壌があるといわれる滋賀県で、さまざまな福祉分野で、日々新たな実践が行われています。その第一線での担い手は若い人たちです。

社会福祉は「実践の科学化」であるとも言われます。

このような福祉の土壌づくりに大きく貢献されてきた諸先輩から学ぶものは数多くあります。

本書では、戦後から今日までの間に、「滋賀」という地域にあって福祉実践を通じて、社会福祉の専門化、制度施策化などにつないでこられた人々の実績を一冊の記録として残すとともに、社会福祉制度が未成熟な時代にあって、諸先輩がどのような実践を通して後継に託されてきたのか、今日、社会福祉にかかわる一人ひとりが確認することも大事であるとの思いから、時代の一つの区切りとして取りまとめました。

滋賀県は、福祉先進県（とりわけ知的障害福祉）と言われた時代もあります。

第一章「この子らが主役」では、近江学園の創設者である糸賀一雄、池田太郎、田村一二の三氏、それに二年後に加わられた岡崎英彦氏を紹介し、第二章「住民が主人公─夢の実現」では、戦後の混乱期から当事者の立場で実践をされてきた守田厚子氏、地域福祉活動の担い手として活動されている長尾寿賀夫氏、厚生行政の統合化に努められた鎌田昭二郎氏という、つねに利用者の視点に立って制度の普遍化に大きく寄与されてこられた三氏を紹介しました。

とりわけ今、社会福祉現場に従事している人や、これから社会福祉を志す若い人に、この本を手にとっていただき、諸先輩が、いつも明日への希望をもとに活動されてきたことを身近な存在として学び、共感し、これから福祉専門職として活躍いただくための一助として、ご活用いただける書の一つとなることを願っています。

なお、本書は、戦前からの福祉にかかわる事象を記載しているため、今日では使用が不適当な用語となったものもありますが、引用等の場合は、その時代の使用用語として原文のまま掲載したことをお断りさせていただきます。なお、文中はすべて敬語を略していることもあわせてお許しください。

最後に、本書の出版にあたり、企画当初から積極的に支援いただき、編纂委員としても指導いただいてきた渡辺武男同志社大学教授には、草稿も見ていただけないまま、今年三月一一日に急逝されました。ここに改めて先生のご支援に感謝するとともに、ご冥福をお祈りして、本書を捧げます。

また、編纂委員の方々、そして出版にあたり協力いただいた数多くの関係の方々、出版にまでこぎつけていただいたサンライズ出版㈱の岩根順子社長に、厚くお礼申し上げます。

平成一六年九月

社会福祉法人　滋賀県社会福祉協議会

会　長　山　田　新　二

目次

田村一二
みんな同じ一つの命　茗荷村構想に賭けた熱意の人

岡崎英彦
重症児とともに

第二章　住民が主人公——夢の実現

守田厚子

わが幸は　わが手で

長尾寿賀夫

地域で福祉を創る

序章

かつて、琵琶湖の周囲で、「障害者のいのちと琵琶湖のいのちをともに抱きしめよう」こんな壮大な計画が持ち上がり、民間有志がボランティアとともに計画を実行に移しました。この趣旨は社会に大きな共感をよび、予想をはるかに超える参加者が全国から集まりました。そしてこの運動を契機として、一四年後にはNPO法人「しみんふくし滋賀」が誕生しました。

戦後の混乱期に、戦争孤児や心身障害児施設を作った福祉事業の先人たちの熱い思いが、時を経た今もなお滋賀県民に脈々と流れていることを実感したイベントでした。

一八万人が手をつなごう

昭和六二年（一九八七）のびわ湖放送の新春番組「ほんねで語るぞ障害者問題」で、第一びわこ学園の新築移転の費用捻出のために、母なる琵琶湖に向き合い一八万人が手をつないでぐるりと囲むイベントを行いたいと番組の参加者が、表明しました。

番組に参加していた田村一二（一〇三ページより）は、興奮気味に賛意をしめし、番組の最期には出演者一同が、「まず第一歩ということで」と立ち上がって手をつないだのでした。

やがて具体的な計画がまとまり、一一月八日「抱きしめてＢＩＷＡＫＯ」のビッグイベントを行うことになってきました。五月にはスケジュールや参加方法などの記者発表が行われ、すべてが順調に進むように思えました。

ところが実行委員会ができて四か月が過ぎても、参加者は思うように伸びません。

その年の六月、滋賀県児童相談所を退職して、田村一二がはじめた茗荷《みょうが》塾の事務局長をしていた及川真が、身体障害者療護施設「清湖園」の施設長である岸本勘也に「抱きしめてＢＩＷＡＫＯ」への参加要請にやってきました。

「個人への呼びかけでは限度がある。団体に呼びかけよう」と及川は、旧知の岸本を訪ねたのでした。

琵琶湖の西岸、緩やかな湖岸線が三〇〇メートル続く松並木のある今津町に清湖園はあります。ここには、そのほとんどが重い脳性マヒのため手足が曲がり、ねたきり状態の重症身体障害者が五〇人入居していました。

及川からの説明を聞いたあと、しばらく沈黙の時間が流れ、ようやく岸本が

「第一びわこ学園の老朽化が進んでいることは、よく知っている。施設が新しくなることはいいことだと思う。けれど、重症障害児の施設はびわこ学園だけではない、しかも、ほかの施設に比べると、びわこ学園は恵まれている方だ。」

さらに、

「同じ重い障害を持つ者でも一八歳を超えた人たちが生活する私たちの施設では介護にあたる職員は、びわこ学園に比べたら半分なんですよ。それが特別養護老人ホームになると五分の一の割合になるのですよ。」

実状を知っているだけに、及川には返す言葉がでてきません。

このように、批判的な気持ちであった岸本ですが、割り切れない気持ちのままにこの時には協力を約束しました。この岸本が本当にイベントの意義を理解したのは、やがて、「このイベントは、びわこ学園の重い障害をもった子供たちを通して生命の尊さを知ってもらおうとするのが目的です。障害者のいのちと琵琶湖のいのちをともに考えようというイベントなのです」という本来の目的が広がってきた一〇月頃のことです。

第一びわこ学園

重症心身障害児施設「第一びわこ学園」は、昭和三八年（一九六三）に京都に接する長等《ながら》山の麓、大津市神出《かみで》開町《ひらきまち》に開設されました。

開園から二四年を経過した建物は著しく老朽化が進み、雨漏りがひどく、水道管もところどころ腐食するという有様です。老朽化以上に頭痛の種は、入所者の身体が大きくなってきたことから、施設が手狭になり、介護にも支障が出てきていたことでした。
入所者全体の七割近くが一八歳を超えていましたので、その人たちにとってそれぞれの部屋の入口は狭く、車椅子が自由に使えません。職員の中には、自分より大きな人を抱きかかえてベッドにつれていくという状況になっていました。また寝たきりの入所者を運ぶストレッチャーも狭い廊下では曲れないので、職員は風呂場まで、入所者を抱いていきます。また、その浴槽も身体の大きくなった入所者にとっては狭くなっていたのでした。

創立一五周年を迎えた昭和五三年（一九七八）、今後のびわこ学園のあり方についての話し合いがはじまりました。翌年には、岡崎英彦（一三九ページより）理事長を委員長に「将来構想委員会」が発足し、職員一一名が委員となり、県職員二人が特別委員として加わりました。移転計画の検討の中で、生活の場としての家庭型の施設、さらに、地域に開かれた施設を目指すとともに、アジアにおける重症心身障害者センターの中核的な役割も果たそうとすることも視野に置いた大きな構想でした。

委員会では、単に老朽化した施設の改築というだけでなく、これを機会に障害者も健常者も一緒になって生活するという新たな施設の実現を目指していました。

また、この年は、田村が主宰する茗荷会が発足しています。すでに池田太郎（六七ページより）は「地域の中で」をスローガンに、信楽で働きながら障害者が、地域で暮らす実践を展開していました。

くつがえせ福祉の「天道説」

一一月まであと四か月、七月になっても、参加者は千人にも達していません。事務局のスタッフの一人である及川は焦り、当事者であるびわこ学園園長高谷清も、眠れない日々が続きました。しかし、妙案が浮かんできません。

及川にとっては、「滋賀には福祉の土壌がある、糸賀一雄（三二ページより）、池田、田村が、福祉の種を蒔き、そして耕してきた。彼らは積極的にどこにでも出かけ、わかりやすく自らの理想を、理念を話してきた。この話を聞いて感銘を受けた若い人が次々に近江学園やびわこ学園にやってきた。こうした繰り返しで滋賀の福祉の土壌ができてきた」と確信していたので、今回はまちがいなく成功できると信じて疑いませんでした。しかし、現状ではその確信も次第に揺らぎ、事務局として使っていた琵琶湖の観覧船「※玻璃《はり》丸」でも沈滞したムードが漂っていました。「無理に一八万人を集めずに、約一〇分の一の南湖だけで手をつないでもいいのではないか」という消極的な意見さえも登場してくるぐらいでした。

　今回のイベントの趨勢を静かに見ていた滋賀県レイカディア推進本部長である鎌田昭二郎（二三九ページより）は、県職員として、伸展しない計画に頭を痛めていました。

「なんとしても成功させないと、社会福祉全体が社会から見放される。先人たちが築いてきた障害福祉だけでなく、全ての福祉の灯が消える、消してはならない」という焦燥感に襲われていました。

　このような時期に、細谷卓爾の力を借りようではないかという気運が高まってきました。

　細谷は、水俣病との関わりから労働運動に身を投じ、※総評滋賀地評の事務局長、滋賀県労働者福祉対策協議会の会長を歴任し、昭和四七年（一九七二）に※湖南生協

●玻璃丸
昭和二六年（一九五一）就航の観光船。優美な船型と流線型の操舵室が人気で、昭和五六年（一九八一）まで「琵琶湖の女王」として活躍した。総トン数六三四トン。

●総評滋賀地評
日本労働組合総評議会滋賀地方評議会の略称

をたちあげ、一七年間、その理事長を務めていました。

当時の稲葉稔滋賀県知事や鎌田から、この運動に関わるように要請を受けていた細谷は、

「事務局に行って来ましたが、とても大イベントを控えた事務局とは思えませんでした。ちょっと難しいですが、とにかくやってみましょう。ただし私の改善案に賛同してもらわないと無理です」

これまで、数々の難題に取り組みながらも、独自の手法とネットワーク、そして何よりも優れた企画力と行動力で成果を上げてきた細谷です。鎌田は、「何とかいけそうだ。福祉の灯は消えない」と安堵しました。

細谷は改善案の提案の前に、このイベントの根本的な考えを正します。

「福祉関係の人たちは『天道説』※の考え方が強い。自分たちはいいことをしているのだから皆が協力して当然だから、言うことを聞けという姿勢がどこかにあると思う。このイベントも発想はいいが、組み立て方は天道説的だと思います。これでは人が集まりません」

●湖南生協
昭和四七年（一九七二）、湖南地方の1市7町で組織された生活協同組合。全国で初の環境生協の設立には湖南生協が中心となった「協同組合運動研究会」から誕生した。平成五年（一九九三）にコープしがに合併

●天動説
地球が宇宙の中心に静止し、ほかの全ての天体が地球の周りを回っているという説。自分を中心に物事を考えるたとえ。

続けて細谷から「つるさんかめさんありがとう作戦」[※]などの改善案が提示されると、ようやく運動全体の方向性が明確になり、各人の動きにも活気が出てきました。

そして八月四日、拡大連絡会議が大津市湖岸の「母子福祉のぞみ荘」で開催されました。

のぞみ荘は滋賀県母子福祉のぞみ会が、母子家庭の福祉の向上のために、守田厚子（一七五ページより）を先頭に、全国でも数少ない、自分たちが中心となって資金作りをし、建設した施設です。

発起人の一人でもあった守田は、やや緊張した面もちで、開始時刻よりかなり早くのぞみ荘にやってきた細谷を見つけ、

「私たちも今回のイベントには協力します。できることをおっしゃってください」

と力強く約束しました。滋賀県母子福祉のぞみ会は、このイベントの幹事団体として協力し、当日も多くの会員が参加しました。

●つるさんかめさんありがとう作戦

周囲二五キロの琵琶湖を一キロごとに区切り、その一キロを一〇〇メートル、そして一〇〇メートルを一〇メートルに区切って、それぞれに責任者をおいて人数を確保するという考え方で、「鶴は千年、亀は万年」にちなんで、一キロごとのリーダーを「つるさん」、一〇〇メートルは一万センチだからこの間のリーダーを「かめさん」、さらに一〇メートルごとのリーダーを「ありさん」とネーミングしたことで、沈滞していた事務局の動きに弾みがついた。

COLUMN
❶

国連ESCAPの開催

国連では、障害者の「完全参加と平等」を目指して「国連障害者の十年（1983-1992）」を、続いて国連アジア太平洋社会経済委員会(UNESCAP)では「アジア太平洋障害者の十年(1993-2002)」という取組みが進められ、障害者への認識を高め、障害者施策の質の向上を目指す運動が展開されていきました。この「十年」の取り組みが更に10年延長されることとなり、滋賀県大津市で開催された国連ESCAP（『アジア太平洋障害者の十年』最終年ハイレベル政府間会合）で、次期十年(2003-2012)の地域行動計画※「びわこミレニアム・フレームワーク」が採択されました。

滋賀県が選ばれたのは、糸賀一雄をはじめとして障害者福祉での先駆的な取組みが国際的にも認められた結果でもありました。

滋賀県の國松善次知事が、閉会後の記者会見で「障害者福祉に取り組むことについて、勇気づけられた」と語ったことが印象的です。

●「びわこミレニアム・フレームワーク」の理念

二一世紀におけるアジア太平洋地域の障害者のためのインクルーシブで、バリアフリー且つ権利に基づく社会（全ての人に対して障壁がなく権利が保障された社会）を目指すとしており…「障害者による貢献が評価され、彼らに影響を与えるすべての決定においては障害者がその中心となる」社会をめざす（内閣府仮訳）としている。

「共感の拡大」が滋賀県の住民運動の基本スタイル

昭和五二年（一九七七）五月、琵琶湖に赤潮《あかしお》が発生した事実は、滋賀県民にとって、大変衝撃的なできごとでした。日本一大きな琵琶湖を「母なる湖《うみ》」と呼び、母親のような優しさと、包容力を持ち、美しく気高い存在は、滋賀県民みんなの誇りです。

滋賀県民をはじめ、近畿一四〇〇万人の生活をも支える大切ないのちの源です。ところがこの汚染の原因の一つは私たちの生活そのものにありました。

当時、県内の下水道普及率は低く、生活排水は分解されないまますべて琵琶湖に流れ込み、それによって琵琶湖の富栄養化が進み、水質が悪化していました。そしてその原因は合成洗剤に含まれる窒素とリンがとりわけ大きく影響していました。

「私たちが琵琶湖を汚している」
「水質汚染の犯人は私たち自身」

という事実が明らかになると、県民の間で「合成洗剤をやめて、リンを含まない石けんを使おう」とする運動の輪が広がりはじめました。当時の武村正義知事のすばやい対応も功を奏して、昭和五四年（一九七九）の滋賀県議会は満場一致で「琵※琶湖の富栄養化防止条例（通称「石けん条例」）」を可決し、翌年から施行されました。

問題解決を行政にだけ求めるのではなく、県民自らが問題解決の方策を考え、自らが率先して行動に移していくという、まさに自立した県民運動の成果でした。

細谷は、この時期、廃食油のリサイクルによる石けんづくりを提唱するなど湖南生協をつうじた活動の中で、「共感が活動の輪を広げる」ことを充分知っていました。だからこそ福祉関係者の天動説的な姿勢をいさめ、新たな展開案を呈示したのでした。

●琵琶湖の富栄養化防止条例

正式名称は「琵琶湖の富栄養化の防止に関する条例」で、昭和五六年（一九八一）に制定され、昭和五七年七月一日から施行された。条例の特徴は、窒素、リンの排水基準（濃度規制）を設けたこと、リンを含む合成洗剤の販売・使用を禁止したことで、合成洗剤の使用を制限しようとする住民運動と結びつき、これをきっかけに合成洗剤の無リン化が進んだ。

広がる共感、障害児のいのちと琵琶湖のいのち

湖南生協の組合員八〇〇〇人の参加を決めた細谷が臨んだ代表者会議には、滋賀県社会福祉協議会をはじめとする福祉関係のほか市民グループなど県下三五団体から一〇〇名が集まってきました。

「老朽化したびわこ学園の移転新築の費用をどうするかの議論から今回のイベントが決まりました。この運動を通していのちの価値がみんな同じだという人間のありようを問いかけていきたい」

という趣旨説明に続き、第一びわこ学園の高谷がイベントの意義の説明に入りました。

糸賀らが創設した近江学園につづいて開設された第一びわこ学園の初代園長は岡崎英彦でした。その岡崎は、この年の六月に逝去しています。高谷は糸賀、岡崎が目指してきたこの学園の存在意義と志を受け継ぐ決意をしめすかのように話し始めたのです。

「びわこ学園の半数以上の入所児は、ひとりで座ることもできない重い障害を持った子供たちです。全国で二番目、西日本で一番古い重症心身障害児施設が第一びわこ学園です。ようやく新築・移転が決まりました。今回の移転は施設を新しくするという目的だけではなく、重症心身障害児が、社会からの隔離ではなく普通の生活が送れる新しい施設にしたいと考えています。重い障害をもった子どもたちも一人の人間です。普通の生活を送らせたい。障害者が生きていること、存在していることが普通の社会だということを知ってもらいたいのです」

その後、湖岸に接する市町はもちろん、信楽や八日市市、朽木村など琵琶湖から離れた地域からの参加の報告が届き、ＪＲは「抱きしめてＢＩＷＡＫＯ号」の運行を決めました。志賀町の祈りのゾーンでは比叡山延暦寺の※山田恵諦《えたい》座主《ざす》を始め宗教関係者が平和への祈りを捧げることになりました。

今回のイベントでは参加する人びとはそれぞれ一〇〇〇円の参加費用を持参し、当日参加できない人は参加費にメッセージを添えることができるというシステムです。

●**山田恵諦座主**

明治二八年（一八九五）兵庫県生まれ。昭和四九年（一九七四）に天台宗総本山比叡山延暦寺の第二五三世座主になる。世界平和にかける思いが深く、昭和六一年（一九八七）、天台宗開創一二〇〇年を記念して世界各国の宗教家に働きかけて「世界宗教サミット」を開催した。

批判的だった岸本から、及川宛に、「重い脳性マヒの入所者も参加する」との連絡が入ってきました。

「琵琶湖で手をつないでも、すぐに福祉が変わるとは思えないが、ボクたちみたいな重い障害を持った人間がいることがわかってくれるだけでも意味がある」

言葉が不自由で手足が使えない入所者がベッドの上でこのようにつぶやいたことで参加を決めたのです。

みんな　やさしくなった。

一時は、開催が危ぶまれたこの壮大で、一見無謀とも思えたイベントも、いよいよ本番の前日となりました。

マキノ町の湖岸に集結したライダーグループは、野外バーベキューを楽しんでいます。メッセージをつなぐ杭うちをしている人があり、ぶた汁の準備に余念のない人もいます。

琵琶湖のまわりには明日を迎える準備がそれぞれに進んでいます。

玻璃丸内の事務局には数人のスタッフが、当日の天気を気にしていました。

「明日の滋賀県南部　晴れ時々曇り」「滋賀県北部　曇り時々晴」

事務局にドッと歓声があがり

「よっしゃ　行こう」

明けて一一月八日、前日の雨は朝方に上がり、琵琶湖には一筋の虹が架かっています。風がきつく、肌寒い琵琶湖です。比叡山、伊吹山には冬将軍の足音が近づいてきています。

朝から、琵琶湖をめざして多くの人が集まってきました。ジョギングをしながら琵琶湖を目指す人、車椅子に乗った障害児、乳母車をひいたおかあさん、みんなの顔が輝いています。

大阪を出発した「抱きしめてＢＩＷＡＫＯ号」も長浜に到着しました。本部が置かれた膳所《ぜぜ》公園には四〇〇〇人が集まり、びわこ学園の四五人の入所者もここで正午を待ちます。

中主町《ちゅうずちょう》の浜辺には、岡崎英彦の遺影を持つ文子夫人の姿が見えます。

ＪＲ特別列車「ひまわり号」で参加した人々は彦根松原水泳場湖岸で手をつないだ。「ひまわり号」は昭和六〇年から毎年一回、列車で旅をしたいという障害者のために滋賀実行委員会で特別列車をしたてている。

及川は大津市の真野浜《まのはま》で近くの住宅団地ローズタウンの人たちと手をつないで立っています。昨日までのことがまるで嘘のように静かな時間です。「滋賀には福祉の土壌があった。あったから今日ここに人が集まってきたのだ。小さな積み重ねが大事と、地域みんなで福祉を作り上げてきたこの土壌をさらに耕していかねば」という新たな決意を感じています。

浜大津の玻璃丸の近くで、風の子保育園園長　長尾寿賀夫（二〇五ページより）も横浜から来た参加者と手をつないで、正午を待ちます。

「プップップップー」

正午の時報に合わせて琵琶湖上で、湖辺で、二十余万人の手が大きなひとつの輪となりました。どこからもなく「われはうみのこ　さすらいの～」と「琵琶湖就航の歌」が湖面をすべるように流れ、笑顔があふれ、どの顔も輝き、つないだ手が、大きく上下しました。

メッセージ参加者五万一三〇〇人を含め、合計二六万四二〇〇人が琵琶湖を抱きしめました。

びわ町でこの瞬間を迎えた細谷は、滋賀県民が琵琶湖や地域に対する愛情を失っていないことを実感し、「抱きしめてＢＩＷＡＫＯ」は終わったのではなく、今、ここから本当の社会を育てていく大きなことが始まることを確信していました。

重症心身障害児たちが「いのち」の灯をともしながら必死に生きている姿に突き動かされたことがこのイベントの成果でした。誰のためでもなく、まさに自分たち自身のために二六万人が琵琶湖と向かい合い、一人よがりでなく、多くの人とともに共感しあえる運動を展開し、時代を変える力を生み出しました。

諸経費を除いた六五〇〇万円が建設費の一部として寄付され、第一びわこ学園は平成二年（一九九〇）に完成しました。

COLUMN

❷

「抱きしめてBIWAKO」

昭和55年（1980）大津市内の福祉関係者や文化人、経済人で組織された「いのちのサロン」で、最も重い障害をもった子どもたちの施設「びわこ学園」をテーマにいのちの問題が考えられていた。やがて学園の将来構想の具体的進展状況の報告がなされると、資金集めの方法の検討が始まった。昭和62年（1987）のびわこ放送の新春座談会で、はじめて琵琶湖で手をつなぐ計画で資金集めを行いたいと発表された。そして同年11月8日、正午、212,900人が琵琶湖の周囲で手をつなぐ大イベントが実施、当日不参加だが資金参加をした人を入れると264,200人が参加した。老朽化が進む第1びわこ学園の改修のための費用を捻出することが発端ではあったが、約1年を要した実施までの経過の中で、人々の心の中で「いのちの大切さ、琵琶湖への愛」が確認されたのであった。池田太郎、田村一二、守田厚子は発起人となり、滋賀県社会福祉協議会、滋賀県労働者福祉対策協議会ら17の幹事団体が協力し、周囲250キロメートルの琵琶湖を囲んだのであった。1億1200万円が集まり、6500万円がびわこ学園改修資金となった。福祉の土壌が息づいている滋賀ならではの事業として高く評価されている。

第一章　この子らが主役

理論派の福祉の父

糸賀一雄

◆いとが　かずお

大正３年（1914）鳥取市生まれ。京都帝国大学文学部哲学科を卒業後、京都市立第２衣笠小学校の代用教員。昭和14年（1939）滋賀県庁に入り、社会主事補、秘書課長、経済統制課長、食糧課長等を歴任、昭和21年（1946）に池田、田村と近江学園を創設し園長に就任。昭和42年（1967）「朝日社会奉仕賞」受賞。翌年、滋賀県児童福祉施設等職員研修会で講義中に倒れ、９月18日54歳で死去。

「この子らを世の光に」という有名な言葉を残した糸賀は、戦後日本の新しい社会福祉基盤を作った一人とされます。死後、三十余年を経た今なおその業績は高い評価を受け、理論派の福祉の父として尊敬されています。数多くの言葉を残した糸賀ですが、中でも「福祉は人なり」という言葉にも表わされているように、福祉に携わる後継者としての人材発見とその養成に大きく寄与しました。

最後の講演

昭和四三年（一九六八）九月一七日、糸賀は滋賀県児童福祉施設等新任職員研修会で、「施設における人間関係」と題する講義を行っていました。講義が始まり、すでに二時間以上経っています、それでも糸賀の話は終わりそうにありません。今自分の思いをすべて伝えたい、わかってもらうことへの一途な気持ちはいつの講演でも同じです。それだけに、受講者の感動は大きく、糸賀の思想は一人ひとりの心に深く、広く浸透していきます。とりわけ、この日は、これから福祉の仕事をしようとする若い人への講義ということもあり、糸賀の想いは聞く人の脳にビンビンとひびいてきました。

ようやく講義が終わりに近づき、

「それでは、最後に、『この子らを世の光に』と『この子らに世の光を』の違いについて、『この子らに』ではなく、この子らを……」

マイクの故障というハプニングとともに糸賀の声は、か細く、誰の耳にも届かなくなりました。

もっとも肝心な自分の考えを話して、講義を終えようとする糸賀は、檀上で、訴えるように右手で何かを指し示すように大きく上にあげ、口元を動かしています。受講者は一瞬、何が起こったのか、ただ呆然と糸賀の動作を見守り続けています。すると、「フッ」と小さな息をついた糸賀ですが、気持ちとは別にその言葉は、力なく呂律《ろれつ》の回らない口調となってきます。顔は蒼白で苦しそうです。

「先生のようすが変だ」

と二、三人の関係者が檀上に駆けあがり、抱えるように傍らの椅子に座らせました。それでも、まだ何かを訴えようとしています。受講者も、少しでも聞き取ろうと耳を澄ますのですが、もう言葉は音になっていません

どれくらいの時間が経ってからでしょうか、意識が戻った糸賀は、制止する周囲を振り切って「もう大丈夫、大丈夫だから」と言い「もう少しだったのに、少しだからやりましょう」と言い続けていました。

若くして結核を患い、闘病生活を送った糸賀は、生来、丈夫な身体ではありませんでした。近江学園設立前にも、何度も心臓発作に見舞われています。ところが、

近江学園設立後はさらに多忙が重なり、当時すでに相当の疲労が蓄積されていました。つねに発作を止める薬を持ち歩きながらも、要請を受ければ断ることなく、全国の心身障害児福祉の会合などは時間の許す限り皆出席で、講演依頼は引きも切らない状況でした。この日の翌日も金沢での講演が予定されていました。

「大丈夫、熱燗を一杯飲めばすぐに直る」

などと笑いながら周囲を安心させていたのでした。

しかし…

翌日、緊急入院した滋賀病院で二度目の発作が起こり、昭和四三年（一九六八）九月一八日、五四年の生涯を閉じました。実践的福祉思想家・糸賀一雄は、精一杯、自らの情熱を社会福祉に捧げ、滋賀の、日本の福祉界を疾風のように駆け抜けていきました。死の床にあってもなおかつ「もりもりやらにゃならん」とつぶやいたという糸賀でした。

「この子らに世の光を」と「この子らを世の光に」

糸賀が渾身の力を振り絞った最後の講座で、どうしても話しておきたかったことが「この子らに世の光を」と「この子らを世の光に」の違いでした。言葉にならなかった壮絶な糸賀の最期の講義のようすは後々まで伝わり、同時に「この子らを世の光に」は糸賀の思想を代表する言葉としてだけでなく、今日においても障害福祉を語るときの常套語となっています。

糸賀の理念の核心ともいえるこの言葉の概念がうまれてきた時期は、昭和三四年（一九五九）の頃です。八月八日、現天皇が皇太子時代に近江学園を訪問されました。このとき「知能が低いことが人格の劣った事を意味するものではありません。むしろ正しい教育と指導をうければ、この子たちは『世の光』となることも不可能でないのです」と述べています。

近江学園正面玄関に向かう途中に、醒井《さめがい》（滋賀県米原町）出身の彫刻家森大造が造った母子像があります。箒《ほうき》を持ち、優しく微笑むこの像は、散歩から帰るこどもたちや、学園を訪問した人々を温かく迎えています。糸賀はこの像を「世の光」と名付けました。聖書の言葉である「世の光」の中に、自らの願いと思いを込めたものです。

「知的障害と言われる人たちを世の光とすることが学園の仕事である」と明言し、「この人たち自身の真実な生き方が世の光になるのであって、それを助ける仕事をする学園の人々や社会の人々がかえって人間の生命の真実に目覚め救われていく」と言います。

それまで、重度の知的障害児らは、自分では光ることができないと考えられてきました。しかし、実際には、太陽と同じように、自分自身で光り輝いていることを糸賀は強調します。知的障害児を「世の光」とする思想は、糸賀を先頭とする近江学園の職員の実践から確立された理論であり、やがてこれが指導理念となって発達保障へとつながっていきます。

> 「謙虚な心情に支えられた精神薄弱な人びとのあゆみは、どんなに遅々としていても、その存在そのものから、世の中を明るくする光が出るのである。単純に私たちはそう考える。精神薄弱な人びとが放つ光は、まだ世を照らしてはい

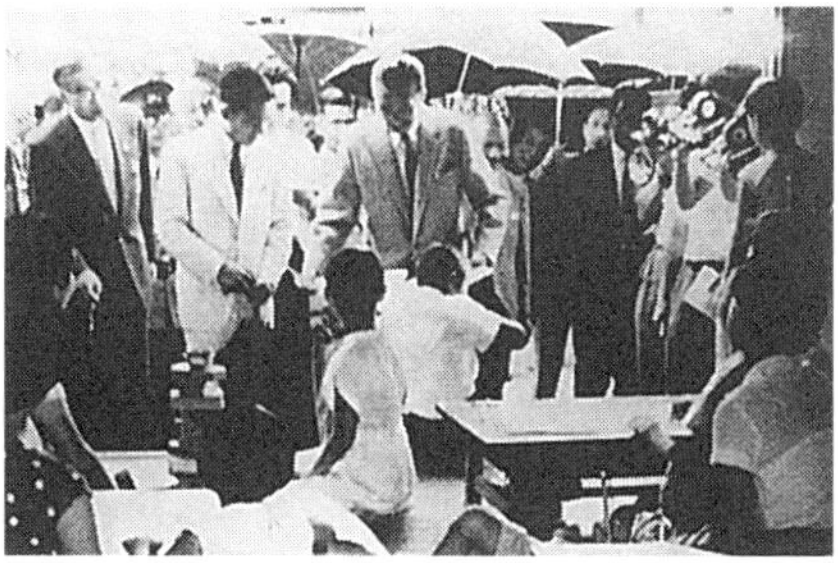
皇太子殿下をお迎えする糸賀

ない。世の中にきらめいている目もくらむような文明の光輝のまえに、この人びとの放つ光は、あれどもなきがごとく、押しつぶされている。その光は異質の光なのである。文明の輝きになれた目には、その異質の光は、光としてうつらないかもしれない。しかし私たちは、この人たちの放つ光を光としてうけとめる人々の数を、この世にふやしてきた。異質の光をしっかりとみとめる人びとが、次第に多くなりつつある。人間のほんとうの平等と自由は、この光を光としてお互いに認めあうところにはじめて成り立つということも、少しずつ気がつきはじめてきた」(糸賀一雄著作集Ⅱ)

池田太郎との出会い

大正三年(一九一四)鳥取県に生まれた糸賀は、若くして結核を患い、闘病生活を送ります。当時結核は不治の病とされ、多感な青年時代の糸賀の心に大きな衝撃を与えます。

医師をめざしていた糸賀は、高校時代の親友の雪山での不慮の事故による死やキリスト教との出会いにより、京都帝国大学文学部では宗教哲学を専攻します。学生時代の糸賀は、経済的には恵まれず、生活のためアルバイトに明け暮れるなど厳しい日々の営みでした。それでも、学業をおろそかにすることなく、常に細心で大胆、そして思索的で行動的な学生でもありました。

京極高宣※が、その著『この子らを世の光に』で、「糸賀はこれまでのキリスト教研究（神学）と宗教哲学のすべてを卒業論文に結集させたのであるが、このことは糸賀の内面を単なるキリスト教の信者ないし信仰の人としてではなく、愛と希望を持つ不屈な宗教哲学者としての人生の旅立ちを保証することになるのである」と述べているように、すでに学生時代に、強烈な個性を確立させていたことをうかがわせます。

昭和一一年（一九三六）、おりしも戦争が激化する時期に、教会仲間の小迫《こさこ》房《ふさ》と学生結婚します。房は生涯、糸賀の良き理解者であり、糸賀なき後も学園の子どもたちから慕われてきました。

昭和一三年、卒業と同時に、約一年間、京都市立第二衣笠小学校の代用教員※となりますが、この小学校で出会った池田太郎との交流が、その後の糸賀の人生を大き

●京極高宣
昭和一七（一九四二）東京都生まれ。現在日本社会事業大学学長。『福祉の経済思想』『社会福祉をいかに学ぶか』などの著書があり、平成一三年（二〇〇一）に『この子らを世に光に—糸賀一雄の思想と生涯—』を著す。

●代用教員
旧制度の小学校で免許状を有しないで教員を勤めた者

く左右することとなります。

小学校での先輩教師、池田は、当時すでに秀才児・劣等児教育など特殊教育に対する見識で注目される業績を発表し、京都教育界で著名な教育者の一人でした。池田は交流の中から糸賀の人となりに接し、畏敬の思いを持ち、お互いがひかれるものを感じて、急速に親密なつきあいが始まりました。

二人は、住まいが隣どうしであったことから、昼は学校で、夜は互いの住まいで、飽きることなく議論を闘わせていました。

滋賀県職員として人的ネットワークを広げる

昭和一四年（一九三九）、戦時色が濃くなり、社会は次第に不穏な状況となっていきます。戦前の日本では二〇歳以上の男子は兵役の義務が課せられ、徴兵検査※が ありました。甲・乙・丙種に区分けされ、甲種合格が当時は名誉なこととなっていました。ところが、病弱な糸賀は丙種という最低のランクでした。そんな糸賀も、同年五月、召集令状によって郷里の鳥取の連隊に配属されますが、過酷な訓練のた

●徴兵検査

徴兵適齢の成年男子に対し、兵役に服することができるかどうかを身体・身上にわたって検査したこと。第二次世界大戦までの日本では行われていた。

COLUMN
❸

戦前の日本の社会福祉事業

社会事業という言葉が一般的に使われるようになったのは、大正９年（1920）頃からで、従来の感化救済事業講習会が社会事業講習会となり、明治41年（1908）に設立した中央慈善協会がこの頃に中央社会事業協会と改称された。

社会事業行政の中心的な内務官僚の田子一民（たごいちみん）は著書『社会事業』で社会全体の協力が社会の進歩や個人の幸福を増進することを論じている。

日本近代社会事業の基礎を作ったひとりの矢吹慶輝は仏教思想と社会連帯思想の統合にもとづき「社会共同主義」を展開した。内務省嘱託で教育者の生江孝之は、本来的な社会連帯思想を自然に受け入れ、アメリカの社会事業を積極的に導入し、同時にフランスのレオン・ブルジョアなどの社会連帯を紹介している。

＜民間事慈善事業の始まり＞

恣意的《しいてき》な慈善ではなく。養護施設など児童を中心とした慈善事業のはじまりは、明治12年（1879）に開設された「福田会育児院」でその後、明治20年（1887）年には、岡山の石井十次が「岡山孤児院」を設立、「社会には障害や貧困などによる不幸な人々は多く存在するが、そのうちで最も哀憐れむべき人々は家が貧しくて不幸にも父母と一緒に生活することができず孤児となってしまった子どもたちであり、この子どもたちを救済することが、神から与えられた使命である。」と考え、岡山孤児院の事業に生涯をかけた。知的障害児施設としては、石井亮一が設立した滝野川学園が最初である。

め、三か月で発病し、半年足らずで療養を命じられ帰郷しました。今では想像できませんが、かなり屈辱的なことでした。

療養後、思いがけなく滋賀県教育委員会主事補のポストが空き、恩師※木村素衛《もともり》京都帝国大学教授の薦めもあって、滋賀県に就職することになります。ここで、糸賀自身が木村教授とならんで「生涯の二人の恩師」という、※近藤壌太郎《じょうたろう》知事に仕えます。

滋賀県教育委員会では、持ち前の能力を発揮して業績をあげ、主事補を皮切りに、知事官房秘書課長、兵事厚生課長（経済統制課長）、経済部食糧課長を歴任します。近藤知事は、糸賀の資質を開花させるチャンスを与えたのでした。一方、糸賀もこの時の職務を通じて、その後の社会福祉事業での人的ネットワークを広げていきました。生涯、滋賀県職員であった糸賀ですが、この経験は、その後の近江学園創設にも、大きく役立ちました。

●木村素衛

一八九五年生まれ。京都帝国大学教育学科教授。糸賀は京都衣笠小学校勤務時に、池田をとおして知り合い、その後木村の研究グループに参加する。滋賀県庁への勤務をすすめたのが木村であり、近藤とともに生涯の恩師として敬愛する。

●近藤壌太郎

昭和一五年四月から一七年一月まで滋賀県知事。長野県生まれ。精錬潔白で断行の士として名高く、昭和一六年に、糸賀を滋賀県秘書課長に抜擢した。糸賀が敬愛する恩師のひとりである。

近江学園創設へのプロローグ

昭和一八年（一九四三）一月一日、滋賀県秘書課長の糸賀は、県庁での年賀の式典を終え、モーニング姿のままで、池田に誘われ、京都の滋野小学校の田村一二を訪問します。

かつて同じ小学校で懇意となった池田はすでに糸賀の要請を受けて、その前年に、滋賀に移り住み、新しく設立された※身体虚弱児施設「三津浜《みつはま》学園」での活動を開始していました。その池田が、同じ障害児教育の仲間であった田村のことで糸賀に相談をもちかけてきたのです。

「田村君が低能児教育をやっていてひとつの悩みをもっているらしいのです。どうやらそれは学校の教育ではどうしても乗り越えられないもののようだと悩んでいます。どうか田村君の話を聞いてやってほしいのです。」

滋賀県に勤めた糸賀は、一年後には近藤知事の抜擢人事によって一介の主事補から秘書課長になり、庁内の気風刷新を目指す若い知事のもとで、「三段跳びの栄進」

●身体虚弱児施設「三津浜学園」

昭和一七年（１９４２）大津市三津浜にオランダ人宣教師の住宅を接収して開設された。当時の軍事援助事業の一環で、出征軍人宅の遺家族の子どもで身体の弱い子のための全国初の施設。虚弱児に良い環境のもとで医学的な介護と規則正しい生活指導と学習指導を行なうことを目的とし、糸賀は、ここの教育主任に池田を推挙した。同胞援助会が運営にあたり、学園は終戦まで続いた。

と言われていました。知事の期待が大きいだけに糸賀は、その知事の要請に応えようと懸命に働き多忙を極めていました。

田村については、池田からその業績を聞いていただけに、以前より非常に高い関心を持っていたので是非とも一度あってみたいと思っていたのです。そしてこの日、池田の案内で滋野小学校を訪れました。

戦争中という時代でしたが、当時の滋賀県には、特殊教育を育てようという動きが、若手グループを中心として醸成しつつありました。そしてそのリーダーであった糸賀も、教育のうわすべりで、形だけのもの、いわゆる知的偏重になりがちな教育行政にあきたらぬものを感じていましたし、もっと本質的なものにいつも心をひかれていたのでした。

池田と田村はすでに特殊教育活動の勉強会などで顔なじみでしたが、糸賀と田村は初対面です。

三人は、特別学級の教室で、ストーブを囲んで旧知のようななごやかさでそれぞれの胸の中を話し合います。

●戦前の滋賀の社会事業

明治三七年に大津市仏教同和会が中心となって創設した「滋賀県育児院」は明治四二年に財団法人の認可を受け、孤児の養護と教育が宗教的な雰囲気の中で行われた。戦後、児童福祉法による養護施設湘南学園の前身である。

一方、明治四三年の滋賀県令で下阪本に滋賀県感化院として創設された「淡海学園」は、大正四年、代用感化院となり天台宗延暦寺感化部の経営に移管され、大正一一年滋賀県仏教連合会に経営が受け継がれた。昭和九年少年救護法で少年救護院となった。

「知恵遅れの子どもの教育は、教室の中だけではなんともなりません。一緒に風呂に入ったり、食事をしたり、毎日の生活の中から次第に心が通ってくるものなんです。関東では、Ｉ・Ｑ※が五〇以下の子どもを特殊学級に入れへんという状況ですが、こんなんどう思います。全国あちこちと回って特別学級の限界を感じましたが、みんなができないのなら『俺がやったる』という気持ちで今日まで来たんです」

田村の話は延々続きます。「決して能弁ではないが」と糸賀が言うように、田村の話は、自分が計画している紫野学園構想が暗礁に乗り上げたいきさつにまで触れて、一向に終わりそうにありません。

それから半年後、糸賀は、田村の実践場所として石山学園の開設を準備して、今度は滋賀県教育委員会の太田和彦視学官とともに、ふたたび滋野小学校を訪れます。

「田村先生、大津市に石山学園※を開設する準備が整いました。先生が求める障害児と生活を共にする教育施設です。一五人ぐらいの子どもと一緒に生活ができます。

●Ｉ・Ｑ［intelligence quotient］
知能指数。個人の知能の程度を数値で示したもの。検査で得られた精神年齢を実際の年齢で割り、これに一〇〇をかけたもの。九〇～一一〇の「普通」を基準に、知能が「進んでいる／遅れている」とされる。

●石山学園
昭和一九年、大津市石山の民間保護施設の湘南学園の一隅の軍事援護のための施設で開設した特殊教育実践の場所。生活を共にすることから教育が始まるという田村の夢の実現のために糸賀が準備を進めた。近江学園開設までの三年間、田村と、一五人の子どもたちとのここでの生活の様子は田村の著作『開墾』に詳しい。

どうでしょうか、先生の処遇については太田さんが面倒をみてくれるので今日は一緒にきました」と糸賀は切り出しました。

田村の返答があるいは…と危惧していた糸賀です。ところが、

「ありがとうございます。石山学園に行きます。いつからでも」

すぐさま田村が承知したのです。瞬時に返ってきた田村の返答に動揺した糸賀が

「奥さんに、相談しなくてもよいのですか」と家庭のことを気遣って聞いてみると

「その必要はありません。どうにでもします」と田村が答え、あっさりと田村の石山学園への赴任が決まりました。

特別学級という限られた時間内での教育の在り方を疑問視し、学校の外での教育を視野にいれていた田村、その田村の悩みを解決に導こうと糸賀を紹介した池田、そして実現化の道を見出した糸賀の思いが結実した瞬間です。田村が滋賀県にくることの了解を取り付けると、早速に受け入れ準備を進めます。ところが、すでに『忘れられた子等』『手をつなぐ子ら』の出版などで有名となり、京都の障害児教育者として活躍をしていた田村を京都側は簡単に手放そうとはしませんでした。結局その年の大晦日になってようやく田村が滋賀県に来ることで決着がつきました。

「この滋野小学校での出会いがなかったら、おそらく近江学園は誕生しなかったであろう。」と、後に糸賀が述べるように、まさしく日本の新しい知的障害福祉の夜明け前の大きな出来事だったのです。

その日から終戦までの時期、三津浜学園の池田、石山学園の田村、そして経済統制課長の糸賀は、親交を深めながら、三人三様の思いでそれぞれの職務を全うすることになりますが、やがて敗戦という事態が三人を一つに集結させて、近江学園創設に向かうのでした。

近江学園創設まで

昭和二〇年（一九四五）八月一五日、日本は敗戦を迎えます。

それより前、当時、県の食糧課長であった糸賀のもとには、さまざまな情報が集まり、すでに敗戦が近いことを知っていました。そして敬愛する木村教授に終戦の詔勅の四日か五日前に

「日本は戦争に負けるようです」

とそっと告げました。糸賀から敗戦という重大な情報を聞いた木村教授は、

「糸賀君、これからだな。いよいよこれからだぞ」

と糸賀の手を堅く握りしめ、新しい時代の到来を歓迎するかのように、とっておきのビールを取り出し、密やかに乾杯したのです。

敗戦後の一年、まさに三者三様の苦しい生活が続いた時期です。しかしこのような中、田村、池田の新しい障害児施設設立への闘志と情熱はより強まっていきました。熱気のこもった彼らの話から糸賀は輝かしい施設の未来像を脳裏に巡らせるのです。行政官としてわずかな経験しかない糸賀でしたが、田村・池田の申し出に対して、いよいよきたるべきものがやってきたという思いで、ひきこまれ、ついに本格的に糸賀が動き始めました。

昭和二一年（一九四六）九月一五日、糸賀は、柴野和喜夫知事に正式に近江学園創設の決意を表明すると、たちまちに知事は喜んで援助することを約束してくれました。また、厚生課長は「買収した雅楽園※の建物を近江学園に提供する」ことを確

●**雅楽園**
大津市石山南郷の丘の上にあった料理旅館。

約してくれたのです。

糸賀の決意は、すぐさま田村・池田にも伝わり、ようやく本格的に学園創設に向かって動き始めました。

石山南郷の丘の上を近江学園とすることが決まると、糸賀は設立趣意書の作成にかかりました。設立趣意書の冒頭の文章には三人の思いが充分に盛り込まれています。

近江学園　設立趣意書（抜粋）

戦争によって社会に投げ出された戦災孤児あるいは生活困窮児が、今どんな状態におかれ、それが又どのように不良化しつつあるかはすでに御存知の通りであります。

又一般にはまだ忘れられている精神薄弱児（低能児）が、これまた放ってあるために不良の徒となって行くものが沢山あることも、犯罪者の半数以上が精神薄弱者であるということから見ても頷けると思います。そのためにこれから健全に進んでいかねばならない社会が、どれ程迷惑を受けているかということも、よく考えてみるとなかなか大きいのであります。

●戦後の混乱期の社会状況

敗戦後1年経った昭和二一年（一九四六）の秋には、戦災を受けた孤児たちがまだ街頭をさまよっており、戦争の打撃を受けた困窮孤児達も一緒に闇の世界で、破廉恥な反社会的な人間に育ちつつあった。浮浪児に対する社会の人達の安易な同情が、彼らを安心してそういう状況におかしめたともいわれて、やがて浮浪と不良が同意義語であるような状態をうみださないではおかなかった。精神薄弱児も結構そのお先棒をかついで、子どもの世界とはいえ、末恐ろしい状態であった。外地引揚の孤児たちも続々と内地に送りこまれてくるし、やがては父親のわからない子ども達も数多く世の中にうみだされてゆく予想があった。（『滋賀県誌昭和編』より）

しかしそれだからといってこの子供達が一概に悪いとは云い切れません。戦災孤児或は生活困窮児は戦争のために家を焼かれ親を失って路頭に迷い、精神薄弱児は遺伝により又は疾病によって頭が悪くなり、両方ともにそのまま放って置かれるために、つい苦しまぎれに悪いことをするのであります。

つまり、云ってみれば我々が彼等を放って置くことがいけないので、彼等をやはり、私達の仲間として温く育て上げ、正しく教育すればそれが又同時に社会の健全な発展を少しでも助けることになるので、どうしてもこの子供達を適当な施設に収容して教育しなければなりません。実際助けるとか救うとか人ごとのように申しますが、よく考えてみれば、みな私達社会の人お互い自分のためなのではないでしょうか。私達はこうした念願から近江学園設立へと起上ったのであります（以下、省略）

糸賀は、この趣意書の中で、新しく取り組む近江学園は、その経営をなんとしても独立自営にもっていこうとしました。公的な援助を受けない、また一般寄付を受けないということでなく、自分たちが額に汗して生活を支えるという基本的な構えがないところに、福祉の発展はないと考え、なんとか自分たちの力で運営していく方向にすすみたかったのです。「公的な援助や寄付を受けないということではなく、外部からの援助は、その援助も自分の力でできるだけのことをやろうとする気概を持った人が、はじめて本当に生かすことができるのである」と述べ、そのためには生産設備を持つことの重要性を指摘しています。

つづいて、「当時の国家社会として一日も早く手をつけなければならないという仕事と取り上げ出発する。おそらくわが国では初めてではないかと思われる新しい試みや、抱負や宿題を自分たちの努力で、将来これを成し遂げ、将来のわが国の社会要求にしっかりと応じられるだけのものにしたい」という念願と覚悟を述べています。

また、これまでの福祉事業は、初代園長が亡くなると急にそのパワーが衰えたり、解散してしまうことが多くあったことから、真の後継者を養成しなければならないことを説き、学園に研究室を設け、その任に当たらせるとする方針も打ち立てています。

近江学園設立当初から、知的障害児の社会参加、社会的自立をめざしていた糸賀でしたが、その実践については、長いあいだ試行錯誤の繰り返しや模索の日々が続きました。

戦後初の児童福祉施設の誕生

昭和二一年（一九四六）一一月一五日、大津市南郷に戦後にあっては、わが国で最初の児童施設である近江学園が開設されました。

発足当時、学園の児童数は、田村一二が石山学園からつれてきた一五人をはじめとして、定員一一〇人で出発しました。

一部（第一棟）は環境問題児である戦災孤児・生活困窮児六〇人が、二部（第二棟）は知的障害児五〇人が入所し、「共に生きる」という教育理念から、職員もその家族全員が施設内に住み込む生活がはじまり、教育と生活、治療と教育（療育）を一本化した先駆的施設「近江学園」が滋賀の地で動きはじめたのでした。。

昭和二三年（一九四八）四月には、この年の一月に施行された児童福祉法により、近江学園は滋賀県立施設となり、養護施設兼知的障害児施設となりました。当時、わが国で知的障害児者施設は全国で一六、七か所であり、近江学園は戦後の代表例でした。また、環境問題児と知的障害児との連携、それはおしひろげて考えると、社会の本来のあるべき姿だとしました。後に、田村のいう、「混在共存」は、当初から意図されていたのです。

三つのモットーと三つの初心

開園までに、三人トリオはここに引っ越し、「共に暮らす」「共に生きる」生活が始まりました。

開園直後に、最初の職員となる福永圓澄に、糸賀は、この学園は世の常の学園ではないことを強調し、社会事業的な性格を持った教育機関であり、「第一に四六時中、心の休まる暇もない非常に困難な教育実践であるということ。第二に経済的にはなんら報われることのない、むしろ、マイナスになるかも知れないというような構想をもっているということ。第三に、そういう悪条件の中で、しかも研究は猛烈に進めなければならない」と、三人が実際に考えていることを述べています。

創設時の近江学園

これが職員の同志的団結を求めるために、モットーとして成文化されたのが
一、四六時中勤務
二、耐乏の生活
三、不断の研究
です。


また、開園当初の「初心忘るべからず」として、三つの取り組みがあります。

第一には「炊事場を教育の場」としたことです。

生活の中心となるものは「食」であり、飲み食いを含めた生活の中に教育があり、また施設自体が家庭であるとの考えから、炊事に働く人を、立派な働き場の人「先生」と呼びました。

第二には「医局とそのはたらき」です。

かつて三津浜学園が虚弱児のために、医学と教育と福祉を統合したように、知的障害児の教育も、医学や福祉的な施策と手をつなぐときにその成果が大きく期待されると考えられました。また、この時期集団生活の公衆衛生的な配慮、入園以前から児童が背負い込んでいる疾病の治療、さらにはその頃無医村であった南郷の人た

ちのためにということで医局を開放しました。開園後二年間は、大津で医院を開業していた本原貫一郎が嘱託医として支えました。二年後の昭和二三年六月本格的な医局が完成します。この医局に、その後、糸賀を科学的な面から支えることになる岡崎英彦が医務部長として着任します。岡崎はこの医局から、園児の健康管理や公衆衛生、地元の診療所としての活動ばかりでなく、知的障害児の治療という分野にも、学園関係者へ関心を向けさせることになります。

第三は「地元の人たち」です。

開園前後の社会情勢は、国を挙げての食糧難の時代でした。毎日、食糧確保に知り合いを訪ね、日々の食糧確保もできかねていたとき、学園の性格を知った地元青年会の役員が、リヤカー二台に野菜や豆などを満載にして運び入れてくれたり、糸賀が経済統制課長時代に知り合った人は、自宅の「からと※」を空にして米を持ってきてくれたりと、多くの支えのもとにこの困難な時代を乗り越えることができました。

このように戦後の混乱期、無謀ともいえる施設の開設にもかかわらず、糸賀たちの取り組みは、将来を見据え、今日の施設運営にあっても新鮮に映る取り組みを展開してきました。

●**からと（唐櫃）**
米びつのこと。かぶせぶたのついた方形で大型の箱。

学園を支える「どんぐり金庫」と「椎の木会」、二つの組織

「どんぐり金庫」

どんぐり金庫は、全職員の月給をプールしたことに対して名付けられたもので、学園では、すべての人が最初から月給を受け取りませんでした。いろいろ財源を探して確保した月給は、誰が言い出したともなく、それをプールして、一つの金庫の中に入れ、その金庫から、みんなで協議してわずかな小遣いを支給、家族を含めた生活費は共同炊事でまかなうなど、今日ではまったく考えられない方法がとられ、残額のすべては学園の整備のために使おうとするものでした。

その金庫の財源は、学園中庭のブランコや滑り台となり、教材として準備され、また、学園付近の土地の開拓、生産設備の整備などにあてられました。

「椎の木会」

糸賀は、開園前後からその交友関係を通じて、学園の趣旨を説き、後援依頼に奔走していました。県の幹部として官界はもとより、経済畑や教育畑でも県内での知

学校に通ったことのない子どもたちも学籍をもち近くの小・中学校の分校という形で学園内に校舎が建築された昭和二五年（一九五〇）三月の記念写真

り合いは多くありました。「学園の外からいろいろと学園のことを心配していただいている人々による後援団体を結成してもらいたい」と、協力を求めたのです。その結果、繊維統制組合塚本雄三郎理事長、安居喜八彦根市長、伊庭槙吉安土村長、吉田ナミ大津市地域婦人会長などが発起人となり、芭蕉の句「まずたのむ椎の木もあり夏木立」からとった後援会『椎の木会』が発足します。椎の木会はその後社団法人となり、会員も婦人会員などを中心に堅実にひろがり、近江学園の分身第一号となる、重度知的障害児施設「落穂寮※」の経営母体となります。

この二つの組織は、開園してまもない近江学園の教育設備、生活設備など、足りないだらけの現状を、強力に支援していきました。

糸賀の一目惚れ

田村は、「糸賀は施設づくりの天才であるといわれたが、施設長の養成も天才のような人で、一時、近江学園は施設長養成所といわれたぐらいである」といいますが、近江学園の創設ののち、重度知的障害児施設の落穂寮（昭和二五年）を手始め

●**落穂寮**

昭和二五年知的障害児施設として開寮。近江学園の重度児が入寮した。平成一二年知的障害者更正施設に転換

に、軽度障害児・者施設である信楽寮・あざみ寮（昭和二七年）、日向弘済学園（昭和二八年）そして一麦寮（昭和三六年）と次々と建設します。

法体系が未整備で、糸賀を中心とする施設運営が全国的に注目される中で、障害児それに障害児を持つ保護者は、全国から近江学園を頼ってきました。このような中で、年齢超過者への対応、そして知的障害児の多様性などに対応するための必然的な施設整備であったといえます。

同時に、田村は、糸賀を「まあとにかく、なんと言うか、どえらい人で、眼のつけどこの高さ。見通しの遠さ、透徹した豊かな見識、それに宗教的な心情の深さのある人」といい、その反面、「なんでも目新しいものには子供のようにすぐとびつく癖もある。先生（糸賀）の友人の方がたに伺うと『糸賀の一目惚れ』といって昔から有名であったらしい。それをまた、すぐ園内で実行に移すので、眉唾《まゆつば》と思われるものまでやらされるわれわれは、少々うんざりすることもあった」といいながら、「しかし考えてみると、この一目ぼれの対象は、どれを取ってみても、園児や職員の体のためを思って取り上げられたものばかりで、それ以外のものはただの一つもなかった。このことが、先生の人間的な大きな魅力になっていた」といいます。

昭和二八年（一九五三）軽度障害児・者施設あざみ寮

糸賀の「発達保障」という考え方

糸賀が「発達保障」[※]という言葉を、外部で最初に使ったのは、昭和三七（一九六二）年七月、全国社会福祉協議会主催の重症心身障害児対策協議会の席上です。ついで、昭和三八年二月、厚生省が東京都と滋賀県、それに島田療育園[※]とびわこ学園の関係者を呼んで打ち合わせをしたときで、

「たとえ法律がないとしても、もう行政の軌道に乗せるべきだと判断したのである。これは、国の考え方としては大変な飛躍であったといえよう。それまでは社会復帰を前提とした施設以外には手をつけなかったのである。それに比して今回は、国が重症心身障害児の問題を契機として、はっきりとその前提条件をとりのぞいたことを意味するからである。ところでこのような国の施策にまで盛り上げるためには、考え方が統一される必要があった。さきにのべた七月の協議会では島田療育園の病院組織の主張に対して、私は、はじめて児童福祉法の体系のなかにおける発達保障という考え方をのべたのであった」（『福祉の思想』）と述べています。

この発達保障という考え方はいつごろ誕生したのでしょうか。

●発達保障
障害の有無にかかわらず、どのような子どもも教育を受ける権利があり、それを社会が実現していかなければならないという考え。

●島田療育園
昭和三六年（一九六一）東京都多摩市に開設された日本初の重症心身障害児施設。現、社会福祉法人日本心身障害児協会の島田療育センター。

岡崎は、『糸賀一雄著作集Ⅲ』の解説で、「もちろん発達保障という考え方が、このとき突然でてきたわけでない。重い障害を持った子どもたちをうけとめる思想、姿勢については、近江学園の歴史の中で、何段階かのプロセスをへて基盤ができてゆくのである」と述べています。

昭和二三年（一九四八）頃から入所する重度知的障害児の手探りの状態での処遇がはじまりで、どんな重度障害児でも、そこに人間としての生命の展開があり、それを支え実現することが医療、保健、教育、福祉のはたらきであり、そういう努力をする社会こそ人間社会であるという思想が確立してくる中で、「昭和三一年京都大学教育学部で助手をしていた田中昌人氏が近江学園に就職、研究部に配属になってから、それまで実践されてきた教育・指導の理念に発達論が登場した」とされます。

研究部が一方で、学園での指導過程の分析、発達評価を行い、他方で、大津市の乳幼児検診に参加することで、発達保障という考え方にたどりついたのです。さらに岡崎は、「診断技術の向上と発達過程の解明が進められ、正常児と障害児を問わず、基本的に同じ過程をたどる事実が確認され、発達の層的な機構とその時間的な展開を統合する発達論に到達する。社会福祉という観点に立てば、これが医療、保健、教育、指導、さらに生活保障をも含めた「発達保障」という所に立ち至るのは

『福祉の思想』

昭和四三年（一九六八）朝日新聞社から「朝日賞（社会奉仕賞）」の受賞で社会福祉界は大きな影響を受け、翌年、糸賀の福祉の思想の考えの集大成と言える「福祉の思想」（日本放送協会発行）が発行された。

●朝日社会福祉賞

朝日社会福祉賞は、社会や福祉に貢献し、功績の著しい個人または団体に贈ります。一九四七年（昭和二二年）に朝日賞の「社会奉仕賞」として設けられた（第1回表彰は一九四九年）が、一九七五年度の朝日賞改革に伴い、文化賞、社会福祉賞、体育賞として独立。滋賀県では糸賀のほか、田村（一九七三）、池田（一九七九）、岡崎（一九八五）が受賞している。

当然である」と述べ、発達保障の誕生は昭和三七年（一九六二）であるとしています。同年七月、席上で糸賀が使ったのは、まさにできたてほやほやの考え方でした。

びわこ学園の創設

近江学園内に、テンカン発作を持つ子、神経症反応を持つ子、特殊な神経障害、あるいは精神病質の子どもが入園してくるようになり、この子たちは、グループに参加することができず、孤立し、集団生活のうえで大きな問題となってきました。糸賀は、どんなに重度な障害児であっても、また二重、三重の障害を持った子どもでも、一人ひとりにとってはかけがえのない人生であって、その生きがいを追及し、それをその子どもの上に具現するのが施設の役割として、昭和二九年（一九五四）暮、医局の内部に「杉の子組」※を新たに編成します。

はじめから杉の子組の責任者としてかかわった岡崎は、「当時、糸賀の体力の衰えがかなり急速に進んだ時期でしたが、思想形成過程からみれば、むしろ鋭さを内に秘め、それだけに迫力にみちた最も力強い時期であった」といいます。

●杉の子組
　近江学園内のグループの呼び名で、テンカンの発作がひどいなど知的障害以外の障害を合わせ持ち、集団生活になじめない子どもたちを特別な取り組みを行うクラス。重複障害児のための施設が必要となり、後のびわこ学園にその機能が移管されることとなった。

糸賀は、びわこ学園づくりの過程で、重症心身障害児施設内における療育内容を高める取り組みに直面して、発達保障の考え方を明確にしていきます。

この糸賀の考え方を明確にしたのは研究部のデータに基づく研究成果でした。今日でさえ、調査結果を重視することが充分でない状況から判断すると、当初から「不断の研究」を念頭においた糸賀の先見性・先駆性には驚愕させられます。

糸賀は、その著『この子らを世の光に』※で、「十年前、昭和三一年の六月頃に、たとえ小さくても大木会※の手で独立の医療教育施設をつくらねばならぬと心に思い定めてから、その願いは私たちの心の中に燃えつづけ、その小さな火はしだいに大きな炎となって燃えさかるようになった。しかし炎を燃えつづけさせたのは、杉の子組の子どもたちとの取り組みの実態であった。この日毎の悪戦苦闘があったればこそ、この子たちの本当の幸福を求めて、私たちは炎をもやしつづけることができたのである」と述べています。

●『この子らを世の光に—近江学園二十年の願い—』

昭和四〇年（一九六五）、柏樹社から刊行された近江学園の建設史。平成一五年（二〇〇三）、NHK出版から復刊された。

●大木会

昭和三一年（一九五六）、民間の人の協力のもと青年女子知的障害者の寮「あざみ寮」、青年男子の「一麦寮」を運営し職業補導施設を充実して指導にあたった。設立当初の事業計画は・一麦寮の移転改築、医療教育施設の建設、幼年の知的障害児の対策であった。

糸賀の福祉思想

京極高宣は、糸賀の福祉思想を、「単に障害者福祉に関する思想にとどまることなく、私なりに総括すれば、福祉サービスを利用する人間の尊厳をふまえ、その基本的人権を尊重し、その自立を支援するために、適切なサービスを提供すると同時に、人々の意識変革を図り、条件整備など周囲の環境をととのえ、社会全体をより人間的なものに変革しようとする考えである。特に糸賀の『この子らを世の光に』という理念は二〇世紀日本の代表的福祉思想の一つであり、二一世紀の福祉社会を担ってもらう日本の若い世代に伝承していく、そして世界の人々にも伝えていく国際的に価値ある人類的な福祉遺産としての値打ちが立派にあると確信する」といい、糸賀が四〇歳という不惑の年に、寿命についての一文を残している部分を引用して、自身の著の結びとしています。

人間の平均寿命をかりに六〇年、小鳥のそれを三年とすれば、その小鳥の一秒は人間の一秒の二〇倍となる道理である。そこでこの時間の観念の差を計算に入れると、小鳥があんなに身軽にとびまわっているのも、人間がのろのろと地上を歩きまわっているのも、結局は同じことなのである。（中略）今年不惑とすれば、もう既に一万何千日を過ごしてしまったので、六〇まで生きるとしても残りはわずか七〇〇〇日あまりである。ああ悲しい哉。しかもその七〇〇〇日も決まったものではない。明日をも知れぬ生命というのがこの世の悲しい定めでもあるのだから。とすれば一秒とか一日とかいう時間の観念を、どれだけ凝縮して、その人その人の心理的な時間に変化させるかが、人生を長くも短くもすることになるのではあるまいか。一日が一〇年に当たる人もあれば、一〇年が一日のごとき人生もある。

糸賀は、不幸にして予言どおり五四歳でその一生を終えましたが、房夫人が「いつでも、どんなときでも精一杯の自分を生きることにきびしく努めた人」というように、人としての生き様を自らが示した人でもありました。

COLUMN
❹

糸賀一雄記念賞

近江学園が創立50周年を迎えたのを機に、生涯を通じて障害者福祉の向上に取り組んだ 故 糸賀一雄 氏の心を受け継ぎ、障害者やその家族が安心して生活することができる福祉社会の実現に寄与するため、平成９年度（1997）に全国の関係団体等の総意に基づいて、滋賀県の協力を得て創設された。

日本・東アジア・東南アジア・西太平洋地域において障害者福祉の分野で顕著な活躍をし、今後の一層の活躍が期待できる人を表彰し、有為な人材の発掘と育成、活動の奨励を通じて、日本やアジア太平洋地域の障害者福祉の発展と人づくり、意識づくりに寄与し、国際的な障害者福祉のつながりづくりにも貢献するものである。

創設以来、第７回（平成15年度）までに、身体障害、知的障害、自閉症など幅広い分野で国内７人、海外８人の計15人に授与されている。

糸賀一雄記念賞
第１回音楽祭（平成13年）

第５回受賞者ヴィナス・M・イラガン氏（フィリピン国際障害者連盟会長）

〈出典・参考図書〉

○糸賀一雄『この子らを世の光に ～近江学園二十年の願い』柏樹社 一九六五年
○糸賀一雄『NHKブックス67 福祉の思想』日本放送出版協会 一九六八年
○糸賀一雄著作集刊行会編『糸賀一雄著作集 第一～三巻』日本放送出版協会 一九八二～八三年
○野上芳彦『シリーズ 福祉を生きる(5) 糸賀一雄』大空社 一九九八年
○京極高宣『この子らを世の光に ―糸賀一雄の思想と生涯―』日本放送出版協会 二〇〇一年

この子らの幸せのために～地域で暮らす～

池田太郎◆いけだ　たろう

明治41年（1908）福岡県生まれ。京都師範学校本科第２部卒業後、京都市立第２衣笠小学校に勤務。昭和18年（1943）糸賀の誘いで三津浜学園に勤務。近江学園、信楽寮、信楽青年寮で知的障害児（者）の職業指導を展開。昭和54年（1979）「毎日社会福祉顕彰」「朝日社会福祉賞」を受賞。昭和62年（1987）79歳で死去。

信楽学園の開設とともに、信楽のまちにやってきた池田太郎は、知的障害を持つ人たちが、人として尊重され、歓びをもって暮らしていくための支援を進めます。職員の育成から始まった信楽学園の立ち上げ、そして、全国初の成人を受けとめる信楽青年寮の開設、現在のグループホームにあたる民間下宿の開拓、事業者の協力を得ての就労など、彼らの幸せのために地域を取り込んだ先駆的な福祉を実践してきました。

ボクの※汽車どびんが行く～信楽での生産教育の効用～

今ではもう姿を消しましたが、陶器の汽車どびんは、当時の信楽寮の大事な商品でした。汽車で旅する人々のために駅弁と共に売られた、お茶を入れる容器です。

昭和二七年（一九五二）、滋賀県の信楽町神山《こうやま》地区にある知的障害児施設「信楽寮（現在の信楽学園）」で、地元の熟練した職人たちの指導のもとに、汽車どびんの生産が始まりました。初代寮長だった池田太郎の「障害が重くても軽くても、みんなが製造に何らかは関われるし、汽車どびんなら一定の売上げが見込める」という考えからでした。

汽車どびんの出荷日には、誰も集まれと言わなくても、いつのまにかみんなでトラックを取り巻いて、そのようすをじっと見ています。ただ運び役だった者も、土びんの口の部分を担当して作っている者も、皆で参加したという気持ちになっています。積み終わったトラックが動き出すと、誰からともなく一斉に「バンザ～イ！」と両手を挙げて叫びます。「ボクの汽車どびんが行く！」とトラックを指さす者、

●汽車どびん

駅内でのお茶販売は、明治二二年（一八八九）に静岡駅で信楽焼の土瓶に静岡茶を入れて売ったのが始まりといわれている。昭和三〇年代頃までは販売されていた。

信楽学園の入所者が作った汽車どびんは米原駅構内で販売された。東海道本線と北陸本線の分岐点である米原駅では、当時一日、上下二〇〇本の客車が停車し、一日平均七三〇個、月に約二万二〇〇〇個の販売量のうち、半分以上の一万二〇〇〇個を信楽学園から出荷していた。

初期の釜窯で作られた汽車どびん

またトラックを追いかける者もいます。

この光景を見ていて、池田は「なるほど、この人たちも、やはり私たちと同じように社会の役に立ちたいという気持ちがあるのだなあ」と思い、「彼らは言葉だけではうまく表現ができないので、私たちは彼らの心の中の悩みを知ることができにくかったのですが、汽車どびんを積んだトラックを進んで見送る彼らの姿から、私はこの人たちがこれまでどれだけ社会に役立ち得なかったことを苦しんでいたか、また、社会の役に立って社会の一員としての思いに包まれたいと強く思っていたか、を知らされました」と言っています。

当時、汽車どびんを生産しているようすはテレビで放映され、一般社会の若い人たちからも大きな反響があり、「看護婦の仕事に悩んでいましたが、彼らの熱心な勉強や努力、働く姿を見て心が洗われました。明日からの働く勇気、また意義ある生活をしていく勇気がわいてきました」という手紙も届きました。彼らの姿に感銘を受けたのは、池田だけではなかったのでした。

昭和三四年頃から鋳込みにより大量製造されるようになった汽車どびん

障害児教育への決意を促した子どもらの手紙

明治四一年（一九〇八）、福岡県に生まれた池田は、小学二年生の時に京都へ転居して来ました。そして昭和二年（一九二七）に京都府師範学校を卒業し、京都市立衣笠小学校で五年生の「劣組（当時の障害児学級）」を担当します。

劣組を担任することに対して積極的ではなかった池田は、教師になって二年目の春、短期現役兵として召集された時の感想として、「劣組の子どもたちと別れ、教師という仕事から離れられたことは、それが一時的なものであったにせよ、気が楽になった」と本音を吐いています。しかし、その池田の心をつかんで障害児教育に向かわせたのが、劣組の子どもたちからの手紙でした。

任地にいた池田の元に、何通かの手紙が届きました。中を確認すると、劣組の生徒全員からです。判読できない文字、何が書いてあるのか読みづらいものも当然ありましたが、どの手紙も「先生、兵隊から帰ったら、また私たちの先生になってください」というような池田の帰りを待っているという内容ばかりです。劣組の生徒と離れて少し気が楽になっていた池田にとって、生徒たちにすまないと思う気持ちとともに、「こんな私をこれほど慕ってくれていたのか」と驚き、子どもたちの純真な心に胸が打たれたのでした。

さらに、子どもたちの親が代表してやってきました。

「私たちの子どもが『先生がいない』と言って、やけを起こしています。先生、困った子たちだとお思いでしょうが、お帰りになったら、どうかまた私たちの子どもの受け持ちになってください」

と懇願されたのです。池田はその晩、子どもたちがいる京都の方向を見ながら涙を流して「教育の道に今度は本気で進もう」と決心しました。

それからの池田は「帰ってまた子どもたちの前に立った時、自分が恥ずかしくない日々を過ごしてきたと言えるように行動しよう」と、短期現役兵の鍛錬に真剣に取り組みました。「病弱だった身体がここで丈夫になった。劣組の子供たちのお陰だ」と池田は語っています。

除隊後すぐに池田は、元の劣組の担当に復帰しました。当時をふり返り池田は、「生徒を導くという教師の職についた私の心を教師らしく育ててくれた人、私の教師への心を引き出してくれた人、それは誰であったか。誰かの書いた教育学の本でもなく、私の友でもなく、先輩でもなく、偉いといわれる人からでもなかった。みんなから劣組『劣ちゃん』と言われ、自分でも『わしら劣ちゃんや』と時に自嘲していた人たちからだった」と生涯教師の道を歩むことになったきっかけを語っています。

田村一二、糸賀一雄との出会い

教師の道を歩むと決意した池田は、もっと子どもについて研究したいと、一年休職して師範学校で児童心理学を学びました。そして昭和七年（一九三二）に赴任した京都市立第二衣笠小学校で、一年生から六年生までの一貫担任、しかも「英才児と学習遅滞児のどちらも指導したい」と熱心に校長に志願し、実現しました。「当時ありえないことだったが、校長の心の広さと、生徒の親たちの強い支持のおかげであった」と池田は感謝し、その後、その教育に没頭していきます。そして、研究論文を発表した頃、京都の滋野小学校で知的障害児学級を担任している田村と出会います。田村は「池田先生には可愛がっていただいて、旅行にも頻繁に連れて行ってもらった。私も、心理学や教育学など、何でもかんでも聞くことにしていたが、先生は丁寧すぎるので、短気な私は、もっと簡単にパッパと教えてくれないだろうか、なんて怪しからんことを思ったこともあった」と、当時の池田との交流を語っています。(『信楽からの便り』より)

また、昭和一三年(一九三八)の春には、池田の勤務する京都市立第二衣笠小学校に、大学を出たばかりの糸賀が初等教育を志して代用教員として赴任し、池田と教員室で机を並べることとなります。池田は普段は無骨で飾り気がなく、決して雄弁ではないのですが、話題が一旦教えている子どものこと、教育のこと、児童心理学のことになると熱中してしまい、糸賀と時間も忘れて議論しました。互いに住まいが隣であったことから、一日中、熱い教育論を交わし合います。このようにして糸賀との交流は始まりました。

そしてそれからも、田村、糸賀との親交はより親密に続いていったのでした。

三津浜学園　そして　近江学園の創設へ

昭和一七年(一九四二)という戦争の激しい時期に、池田は、訓導(教員)として滋賀県大津市に来るのですが、翌一八年四月には、糸賀に勧められたこともあって、滋賀県軍人援護会が全国に先駆けて試みた、軍人遺家族の身体の弱い子どもたちを集めて教育する「三津浜学園」の主任となります。

その頃、池田は吉田松陰※の影響を受け、教育は生徒と寝食を共にする塾教育でなければならないと強く思っていた時であり、昇進の道をあっさり捨てて、身体虚弱といわれた三〇名足らずの男児を預かって虚弱児教育に没頭します。

しかし敗戦により、母体であった軍人援護会※は解散し、三津浜学園も昭和二一年（一九四六）三月に閉鎖されます。それ以後の池田は、石山学園で知的障害児との教育を実践していた田村とともに、療養中であった糸賀（当時は県の経済統制課長）の自宅を頻繁に訪ね、子どもと寝食を共にして暮らす教育の実践への思いを伝え、共に構想を練っていました。やがて糸賀、田村と共に、戦災孤児・生活困窮児と知的障害児の施設「近江学園」の設立に向かって走り出していったのです。

●吉田松陰
幕末の尊皇論者・思想家。長州藩士。兵学を学び、長崎・江戸に遊学。のち萩の自宅内に松下村塾を開き、身分や職業などに関係なく、塾生と共に畑仕事などをしながらそれぞれの長所を見つけ伸ばすという教育を行い、高杉晋作や伊藤博文ら維新の指導者を育成した。安政の大獄に連座、刑死した。天保元～安政六年（一八三〇～一八五九）。

●軍人援護会
第二時世界大戦時、出生兵士の遺族や家族の生活に対する後援や援護を行った組織。

近江学園

昭和二一年（一九四六）、近江学園の設立と同時に、池田は職業指導を担当します。学園の狙っていた職業指導は、最初から教育と生産の二つの側面をはっきりと打ち出していました。いわゆる「ままごと」のような非生産的なものではなく「厳しい社会へ子どもたちを送り出すことができるようにする」という考え方でした。その職業指導には、当初は「農業」「畜産」「林産」「水産」さらには簡単な「工作」を取り入れました。また学園では、職業訓練と同時に、教育的かつ営利的である各種の生産現場を用意して、学園の自立自営を図ろうという目標もありました。

そこで、知識と技術と生産のバランスがとれた職業教育が考えられ、「土堀りから土練り、成型、ろくろ、型押し、素焼き、絵付け、本焼や楽焼、販売」と一貫して、数多くの作業工程が含まれている「窯業《ようぎょう》」が、訓練科目の一つとして加えられました。信楽から古老を招き、窯《かま》を築くなどして、昭和二三年（一九四八）の六月から生産活動が始まりました。しかし足掛け四年間は、素人集団の「本焼」では失敗の連続で、高い理想をかかげながらも実状は厳しい日々が続いていたのです。

一方、この本焼の窯の傍らに作った楽焼の小さな窯は、曲がりなりにも活躍し、学園中の楽しみの的になりました。小さな子どもでも大人でも、粘土細工に興味を持って固唾《かたず》を呑んで窯を見守る中で、「窯業」は、彼らの情操的な方面の陶冶《※とうや》に役立つことも確認されました。

信楽寮（信楽学園）

開園して数年経った頃、近江学園では、年長児たちの将来展望が問題となってきました。障害の程度が中・軽度の年長児たちの将来を生産的に開拓する試みの必要性が浮上し、池田たちが県に働きかけたことによって「自立更生の意欲に燃える身体障害者や、独立自活が困難な精神薄弱児に対し、滋賀県の重要な産業の一つである信楽焼を通じて、その更生援護と福祉の措置を講ずる」と県の事業として採用されました。

滋賀県は信楽町神山《こうやま》地区にある焼き物工場を買い取って、そこに、近江学園の年長児対策と身体障害者の更生指導も併せ持った「滋賀県立信楽寮」※を、昭和二七年

●陶冶
人間の持って生まれた性質を円満に発達させること

●滋賀県立信楽寮
昭和三五年（一九六〇）、滋賀県立信楽学園に改称、独立。現在は一五〜一八歳の知的障害児が製陶作業などを通じて成長をはかっている。

（一九五二）に設置しました。そして池田は、糸賀の推薦もあって初代信楽寮長を命ぜられ、「生涯をかけて」という思いで参加していた近江学園を去り、近江学園の年長児二〇名を連れて、信楽のまちで暮らすこととなりました。

しかし、糸賀、田村がいて、職員の数も整っていた近江学園とは違い、信楽寮では経営の分野にまで、それまで携わったこともない池田の肩にすべてがかかってきます。施設運営の難問が山積みの出発でした。

まず職員の体制です。当時二〇名ほどいた職員の中で、教育者は池田と一人の保育士だけでした。例えば職業指導の先生は、信楽寮の前身である焼き物工場の職人だったので、窯業のプロでしたが教育者としては素人でした。池田は毎日、朝礼と夕礼で講義をし、職員の教育から始めます。そうして後に信楽寮の職員は「素人の先生」と呼ばれ、「素人の引け目もなく、専門家意識にとらわれない素朴な心情の、立派な教師だ」と周囲からも高く評価される教育者に育て上げられました。

また、池田にとって大きな課題の一つになったのは、信楽寮は県の事業であったため、「毎月二五万円以上の生産をあげること」とされていたことです。

開所当時の滋賀県立信楽寮

池田は、製品の販売に駆け回りながら、地元業者との摩擦が起きないように対策を練ります。商売の駆け引きなど知らない池田にとって容易なことではありません。

しかし池田にとっては入所者のための努力は決して辛くはなかったのです。それでも油断すると作りすぎて捌《さば》ききれず、一〇万個ほども余ってしまう事態が起こりました。

「僕たちの作った汽車どびんが売れない」

と入所者たちが言い出して、次はガタッと生産が落ちてしまったこともあります。池田は「やっぱり自分の作った物が売れないと気合いが落ちるのかなあ、それなら何としてでも売り捌かねば」

と、見本を持って販売先を求め、県内に限らず大阪や兵庫までも慣れない営業活動にはげんだのです。汽車弁当屋などを回り「とにかく今だけでも買って下さい。余りを出すと子どもたちのやる気がなくなってしまうのです。どうかお願いします」

と誠意を込めて頼みました。やがて池田は信用を得て、毎月ほぼ二五万円以上の産物収入を県に納めることができるようになります。


信楽寮は知的障害者と身体障害者が共に生活していたので、教育方針の決定には困難が予測されたのですが、池田は彼らを分離することなく統合した教育方針を採りました。結果、風呂場で知的障害児に身体障害者が体を洗ってもらっている姿が見られるなど、信楽寮ではみんな一緒に仲良く暮らしていくことができたのです。

池田にとって最も苦労し、長い忍耐と努力が必要だったことは、知的障害児や福祉に対する意識が希薄な時代に、信楽に住む人々の目をそれらに向けさせることでした。

自覚した者が責任をとる ～理解を求めて～

昭和二七年（一九五二）七月、池田の最初の驚きは、信楽町神山《こうやま》地区の人たちから施設設置反対署名運動を受けたことです。

施設の周りに鉄条網をはりめぐらして「入所者が夜は外に出られぬようにせよ」と要求する人までいました。これを断固拒否した池田のもとに、地元の有力者が脅しをかけに来るようなこともありました。

昭和二年（一九二七）に教育の世界に入ってこの方、後にも先にもこのような事態は、池田にとってはじめてのことで終生忘れられない出来事となりました。

こうした中で、池田が強く決意したことは、「自覚したものが責任をとる」ということでした。つまり「泣き言は決して言わない」「入所者たちの幸せのために『良し』と思ったことは、文句を言わずやる」ということです。また、進もうとする前に立ち塞がっている壁は一つひとつ粘り強く突き破り、あくまで相手を恨まず憎まず、相手を包んでゆく心のおおらかさを身につけていきました。

信楽に来て、一年経った昭和二八年（一九五三）地元の人も経験したことがない台風※が来襲し、道路は断ち切られ、田畑は土砂で埋まります。神山地区では各家から毎日一人が人夫として借り出され、道路の復旧が始められました。このときに信楽寮の中等部を終えた青年約二〇人が、池田の指導のもと、道路工事にボランティアとして参加します。このときの青年たちの目覚しい活動が、彼らを排除しようとしていた地元の人たちの目にとまり、青年たちに対する地区の人々の気持ちが次第にやわらぎ信楽寮と地域の人々との交流のきっかけとなりました。

「こういう人たちは真面目だなあ。仕事のあいだにサボることがない。休めと言っても、『煙草一服』と言って休んでいる大人のように要領をかますことなく、休み時間が来るまで頑張っている。わしらもちょっと見習わなきゃならないなあ」と、地元の人々が、青年たちに好感を持つようになってきたのでした。

この時、青年たちには、人夫賃が支給されました。生まれて初めてお金を手にした入所者の一人は、欲しがっていた万年筆を買うことができ、それで親に手紙を書くという喜びを得ることができたのです。

それ以降は、信楽寮の工場で青年たちが汽車どびんを作っている作業のようすを見学にくる地区の人も出てきました。昭和三〇年（一九五五）頃は、就職ということではまったく閉ざされた状況にありましたが、地区の工場主から求人の申し込みが出始めるようになりました。

このような経験をもとに、池田は施設と地域との交流がまず第一であると、あらゆる機会を活用して、積極的に地域と関わりを深める方策を進めていきます。

テレビがまだ家庭に普及していなかった昭和三〇年前後、入所者と職員共同の演芸会に、昼は地区の子どもと老人を、夜は青年団と婦人会の人たちを中心に招きました。この活動を通じて、青年団員の中から「学園の演劇活動に仲間入りさせてほしい」という申し出があり、この人たちと合同の演劇会に発展していったのです。演劇活動は、地元の人々との交流をもたらすだけでなく、入所者・職員・地元の人々とともに演劇を観る目の成長にもつながっていきました。

そんなある日、池田は地域の青年から、「先生、これまで私は出勤の朝に、生徒さんに出会うと、こういうかわいそうな人には、できるだけやさしく接してあげることだと思って、こちらから『おはよう』と言葉をかけていました。しかし、明日からの生徒さんに言う『おはよう』は、前に言っていた『おはよう』とは違いますよ。尊敬しての『おはよう』です」と言われました。

子どもたちはどのように見られるかということを意識して演技していたのではなく、稽古に没頭し、稽古を楽しんでいました。決して上手だと思われたいとか、観る人をアッといわせようとか、そんな気持ちを一切持ちあわせていないかったのですが、こうした子どもたちの姿勢を青年は「尊敬した」と言ったのです。

一方で、地元から採用した職員から、

「寮長さん、神山地区は田舎です。田舎の人には田舎の人の心理があります。田舎では挨拶が肝心です。だから、よそ者が神山地区を通る時には、知っている人にも知らない人にも区別することなく、よそ者から先に挨拶してください」という助言を受けました。

そこで池田は、毎日地区を回っては一軒一軒話に行ったり、地元の人一人ひとりに日常的な挨拶、声かけ、また田んぼで働いている人がいると必ず挨拶をし、そばに行って話をするように心がけました。

そうしているうちに「池田さんは、親しみやすい人だ」という噂が流れ、人々の心が開かれてきました。このことは、学園の入所者が無断外出をしたり、何か困ったことをしたときに、地元の人たちから連絡してくれるようになるなど、親密な協力体制の土壌となりました。

信楽青年寮の設立へ ～年長者問題への対策「寮作り」～

信楽寮では開設当初から、入所者が成人した時の受け入れ態勢の問題に悩んでいました。寮は児童福祉施設であるため、一八歳を超えると退所しなければならなく

開所当時の信楽学園

なります。戦災孤児で知的障害のある者にとっては帰る家がありません。また、身寄りのない身体障害者についても期限までに就職できなかった場合は同様です。寮では二〇歳までの利用の延期を行いましたが、昭和二九年（一九五四）頃になると、どこにも行けなくなった知的障害を持つ青年たちが、全国から池田の元へ集まってきました。まだ、知的障害を持った成人に対しては、何の法的な対策もない時代だったのです。

そこで池田は、

「おれたちでこういう人たちを受けとめる施設をつくろうやないか」

と若い職員に呼び掛けて、施設作りのための募金活動を始めました。まずは親たちへ、そして地域の人にも施設づくりの協力を働きかけました。子を持つ親である者は貧しくてもお金持ちでもみんな池田らの悩みを理解し、協力を申し出て、資金を提供してくれました。また地元の人たちの好意により、信楽寮と道路一つ隔てた水田を破格の安値で購入することができ、建築も地元の人が実費で引き受けてくれ、木造の施設と炊事場が建てられることになりました。それでも土地の造成費は不足したので、「それなら自分たちでやろう」ということになり、基礎工事のコンクリート固めや土運びなどは、信楽寮の職員や入所者自らが受け持って工事を進めました。池田にとっては「自分たちのための施設を作る」という自覚を彼らに持ってほしかったという気持ちもあったのです。

　昭和三〇年一月、全国でも初めての、児童福祉法を超えた知的障害者や身体障害者たちの施設「信楽青年寮」が開設され、任意の私的施設として一二名の入所者で発足し、同年一二月財団法人として認可されました。

※「財団法人信楽青年寮」の発足は、たちまち広く社会の知るところとなり、昭和三六年（一九六一）には、入所者は五八名に膨らみました。運営については、県によって、信楽寮の職員も業務に支障をきたさない限り信楽青年寮への支援も認められ、これら職員による生活指導と職業指導がそのまま行えることになりました。

　その後昭和四四年（一九六九）には、社会福祉法人しがらき会が設立され、信楽青年寮はついに認可施設となりました。設立されてから一五年も無認可施設であったのは、施設の自主性が失われる恐れがあると心配されたからでしたが、入所者たちに対する処遇の改善などで、保護者の負担が過重となってきたこと、また創立以来ずっと職業指導を信楽寮の職員に依存していたことなどを改善する方向で、認可

●財団法人信楽青年寮
昭和三〇年（一九五五）発足。昭和四四年（一九六九）の社会福祉法人しがらき会の発足とともに廃止。

施設となったのでした。

翌年には、池田は一八年間在職してきた、信楽学園（信楽寮のこと）の園長を退職し、その五月に「社会福祉法人しがらき会信楽青年寮」として新設された施設の経営に専念することとなりました。

幸せづくりのための民間下宿※、そしてグループホームへ

かねてから「この人たちの幸せづくりとは、どこまでもこの人たちが社会に溶け込んでいく姿にある」という思いを持っていた池田は、「私はこの人たちがある年齢に達したら、なるべく施設から離せる人は離して、二人か三人の家庭的雰囲気の強い民家に下宿させて、そこから工場に通わせたい」と、民間下宿の開拓を進めていきました。

もともと、一八歳以上の知的障害者たちの行く先がなかった時代でしたので、信楽青年寮の教育が広く知られるようになると、全国からの入寮希望者が集まって来

●民間下宿
　昭和三〇年（一九五五）信楽町の一般家庭で、信楽青年寮に入所できない知的障害児の受入れが始まり、昭和四〇年（一九六五）から民間下宿と呼称。以後、民間ホーム、生活ホームと名称が変わる。

ました。しかし、寮の受入能力には限界があり、希望しても入れない人も生まれます。また、私的施設なので入所費用が全額個人負担だった信楽青年寮には、経済的な理由で利用できない人も出てくる事態となっていました。
この窮状を見かねた池田が、理解のある職員や地元住民の家庭で彼らを受けとめてもらったのが、「民間下宿」の始まりです。彼らの生活支援のための費用などはほとんど奉仕に近い形で世話が行なわれていました。

このように、信楽青年寮で受けとめられない人を、何とか受け入れようと始まった民間下宿でしたが、二〇歳を過ぎてからも家庭に戻れない人たちを受けとめる、最も暖かみのある場所の一つであることがわかってきました。家庭的で、そして地域の人たちとふれあう中で、町の工場に通い、そして陰日向《かげひなた》なく温かく見守ってもらえ、安心できる生活の場でした。

やがて、一般家庭であってもある程度は組織的、継続的な援助が必要となり、昭和三七年（一九六二）、信楽学園の職員が、信楽青年寮の退所者三名を受け入れて「集団自治寮」という援助つきの下宿（即ちホーム）を発足させました。昭和四〇年代に入ると、いくつかの民間下宿が誕生し、呼び方も「民間ホーム」となります。

しかし、人々の善意で始まった民間下宿だけに、それぞれの家庭の事情で受けとめが困難となり、長続きしないこともありました。

人の善意に頼るだけでなく、何とかずっと続けていけるような民間ホームができないものかと池田らがいろいろ苦心した結果、昭和五〇年代になって誕生したのが「神山ホーム」です。

神山ホームは、信楽青年寮を退寮した青年たちがコツコツ貯めていたお金を出し合い、不足分は親も出資しました。人の善意だけに頼ることなく、自らの資金で誕生した強固な民間ホームの登場です。しがらき会は土地を提供するとともに、世話人の確保など責任を持った運営をしました。青年たちが生涯住み続けられるホームとなり、池田や青年たちはこれを「僕たちの家」と呼びました。

「自分の持ち物にいちいち名前を書かなくていいのが嬉しい」
「いつでも自分の手元に小遣いを持っていられる」
「ここでは日曜日に何時まででもゆっくり寝ていられるし、冷蔵庫に牛乳が入っているから自分でパンを焼いて朝食をすませられる」と喜びました。ここでは施設でできないことができます。「青年寮には帰らん。ここがええ」これは神山ホームに移ってきたとたんに青年たちが言ったことです。そして青年の一人が「ここには自由がある」ということを言いました。施設では何時に起き、何時に寝る、何時に食事というようなことが決まっています。施設では自由な生活は難しかったのですが民間ホームでは時間や生活規律の束縛のない自由な生活があったのです。

「日曜日には小遣いをもって町に出かけるのがささやかな楽しみなのです。自由に町に出て、町の青年たちに混じって、おばちゃん（世話人のこと）の食事でないものを食べる。この当たり前の姿を大事にしてやらなければならない」民間ホームの誕生を喜ぶ青年たちの姿を目にして池田は自信を深めていったのです。

昭和四二年（一九六七）、西ヨーロッパの施設を視察する機会を得た池田は、信楽における民間ホームが彼らにとって良い方向づけであることをさらに確信し、「今は個人の善意と理解のもとに推進されているが、これを将来はどうしても国家保障までもっていきたい」と制度化の必要性を訴えました。

COLUMN
❺

民間ホームでのできごと

ある民間ホームの話です。青年たちは町の風呂屋に行きます。みんな裸のつきあいで人間的なふれあいの場です。「おじさん背中を洗ってあげる」と背中を洗ってあげると、おじさんが洗い返してくれるということがあります。おじさんが「かわいいやつじゃ」と帰りにアイスクリームをおごってくれます。そのおじさんが病気で姿を見せなくなったとき、見舞いに行こうということで、みんなでお金を出し合って見舞いの品を持っておじさんのところへ行くと、おじさんは「誰が見舞いに来てくれることよりも、お前たちが来てくれたのが嬉しい。ほんまにわしのことを思ってきてくれた」と涙を流して喜んでくれました。そして退院の後、全快祝いの品がどっさりと青年たちに届けられたのです。民間ホームでは施設で見ることのできない、人と人との温かい交流も実現するのです。

そしてようやく、池田が知的障害者の幸せづくりのために始めた民間ホームの実践が、また、彼らが地域社会の人たちと一緒に暮らしたいという願いが、いよいよ制度化へとつながりました。

昭和五七年（一九八二）、滋賀県の単独事業として青年たちの世話をする人「キーパー」に人件費が補助されるようになり、「生活ホーム」※として制度化されるようになりました。さらに平成元年（一九八九）には、国の制度として助成される「グループホーム」が発足しました。

池田らの、信楽で障害を持つ人たちが普通に暮らすために始めた取り組みが、全国に広がることとなったのです。

職親会《しょくおやかい》

信楽町における障害者の雇用率の高さは、池田たちの努力はもちろんですが、それによる地域の温かい理解、また「職親会」の家族的対応の力によるところが大き

●生活ホーム
昭和五七年（一九八二）滋賀県の事業として生活ホーム制度が実施され、民間ホームを生活ホームと改称。

いとされています。

かつて信楽寮開設に対して一番はじめに反対の声を上げた神山地区は、現在では信楽町で最も障害者雇用率の高い地区です。池田が信楽に来た当初「夜は入所者たちを外に出すな」と文句を言っていた人たちが、一〇年後には「池田さん、あの時はすまなかったなあ。わしらはああいう子らを知らなかったから、あんな恥ずかしいことを言ってしまったんだ」と、池田にとって頼りになる応援者となっていました。

そしていつしか信楽には、障害を持つ人たちを雇用する事業所（窯業工場の経営主など）で組織されている任意団体「信楽職親会」ができました。この会は昭和三七年（一九六二）に結成され、さらに昭和四〇年六月には会則の制定など、組織としての整備がなされ、二三事業所によって再発足しました。

「会員の事業を通じて知的障害者の社会復帰を図る」ことが会の目的です。そのために、

①知的障害者の職業指導及び生活指導

②知的障害者の取り扱いに関する研修

③知的障害者に対する一般の啓蒙

④会員相互の親睦

⑤その他本会の目的を達成するために必要な事業

が職親会の事業内容です。しかし、会の活動というより、実際は個々の事業所で独自に事業が遂行されています。会としては勤続表彰や、慰安旅行など統括的な事業を毎年行っています。

雇用された障害者たちのほとんどが職場に定着している背景には、職場の居心地がよく、職場の人たちとの温かい触れ合いがあるという事実があります。

職親会の一人で、信楽町で一番大きな規模の社長が「私は、この人たちが知的障害者だから雇用しているのではない、彼らがこの会社に必要な人だから雇っているのです。工場の皆にもそう言っています」と池田らに話したそうです。

信楽青年寮に勤務し、池田と苦労を共にしてきた恵崎順子※も、著書『信楽で暮らす』で次のように語っています。

「信楽以外の地域ではとうてい雇用など難しいとされる障害の重い人たちが、信楽

●恵崎順子
昭和七年（一九三二）佐賀県生まれ。国立秩父学園（埼玉県所沢市）保護指導職員養成所を卒業。昭和四二年（一九六七）から信楽青年寮に勤務。

では雇用されているということは、この家族的な対応の出来る家内企業があるからです。本当に障害をもつ人たちの側にたった雇用対策というならば、当然事業所の規模など関係なく制度的支援は、なされなければならないことです。

このことを更に、敢えて経済性の問題だけでみても、本来貴重な労働力となりうる人たちを、最初から偏見と差別をもって見ることによって労働者としての適切な教育訓練を放棄しているということであり、貴重な人的資源を無駄にしている行為といえます。

職親会は、このことを実績からも主張しているといえます」

信楽の町はどこにでもある

昭和三五年（一九六〇）四月、池田は遠く離れている入所者たちの親たちに、信楽での子どもらの暮らしぶりを知らせるために、「信楽だより」※を、手書き手刷りで作り始めました。そこには池田の心、姿、語りかけが詰まっています。この九九号は、池田自身も気に入っている原稿でしたが、九九号の原稿締め切りの一週間後、

●信楽だより
昭和三五年から昭和六二年まで、年に三、四回発行された。途中から「信楽青年寮だより」となる。

昭和六二年（一九八七）一二月一四日、池田は突然亡くなり、百号は池田太郎の追悼集となってしまいました。

池田の亡き後、恵崎は、ずっと池田の創り上げた土台、信楽という町を多くの人に知ってもらいたいと考えていました。

そしてついに平成三年（一九九一）、「しがらきから吹いてくる風」という映画が公開されました。信楽青年寮を通して、知的障害児たちを中心に町の人々の暮らしをありのままに撮った作品です。

その試写会を観た信楽の町の人たちは「ごく日常の風景ばかりで、この映画は何が面白いのか」という反応でした。しかし、この町では当たり前の風景が、信楽以外の町の人たちにとっては非常に珍しく、関心を引くことであり、障害を持つ人やその人たちのことを真剣に考えている関係者にとっては、夢のような風景でした。

池田は信楽の町を「じろっとこの人たちを見ない町」と言っていました。恵崎は「私が初めて信楽を訪れたのは昭和三一年（一九五六）ですが、その時の驚きは今も変わりません。この町には変わらせない奥ゆきというか、懐の深さがあります」

COLUMN
❻

しがらきから吹いてくる風

寮の青年たちはたいてい働きに出かけているので、日曜日は楽しみです。買い物をしたり、喫茶店でお茶を飲んだりしています。しかし、お茶を飲んでしまってからお金がないことに気づいたり、自分のお気に入りの席が空くまでずっと立って待っていたり、いろんなこともあります。
そんなときはお店の人が請求書を持たせて帰してくれたり、頃合を見計らっていつもの席を空けておいたりしてくれるのです。…といった信楽の暮らしの記録映画でした。

制作　山上徹二郎、演出　西山正啓、撮影　一ノ瀬正史、
　　　1990年制作
主題歌は田島征三作詞、小室等の作曲・歌「ここから風が」。
「信楽のまちには、世間にしられてない人間の営みがある。窯業を中心にした地場産業が、いわゆる〝ちえおくれ〟と呼ばれる人たちを35年間雇用し続けてきた歴史である。粘土づくりから陶器の製品化に至るこの町の陶器産業には全就労者の５％の知恵遅れ者が働く。就労をバックアップする施設があり、３～４名を下宿させる生活ホームがあり、町全体が彼らの存在を引き受けている。日本広しといえどもこんな町はほかにない。作業効率だけを考えれば決して長続きはしない、なぜ信楽では長続きするのか、知恵遅れの人を引き受けることが町の人にとってどのような変化をもたらしたのだろう。障害という垣根を取り払い共にいきるということはどのようなことなのだろう。信楽で映画を撮りたいと考えた理由はここにある。(『しがらきから吹いてくる風』より要約)

と著書で語っています。

しかし、この映画を観て「結局、素朴な田舎である信楽だからうまくいったのですね」という反応が、特に都会の人々から寄せられました。これに対し、恵崎は次のように応じます。「田舎には素朴で好人物な方もいます。しかし、そういう人は国中どこにでもいます。都会であれ田舎であれ、人が暮らしていくという重さや複雑さは、誰でも同じように持っているのです。障害を持っている人たちも同じです。ですから様々な個性の人たちと共に暮らしていこうとするとき、どこにおいてもお互いが相手に気を配れる豊かな人間性が必要なのです。それがあれば誰でもどこででも共に生きていけると思っています」

また「誰かがそのことに気づき、行動するかどうかに全てがかかっているとも言えますが」と恵崎は続けますが、信楽では、たまたま気づいて行動した者が池田であり、信楽の町の人々だったのです。

気づいて行動した池田の根底には「共育《きょういく》」という理念があり、次のように述べています。

…教育において、教師は、一人一人の生徒の内面に隠された可能性を引き出すことが大切であるとよくいわれるが、逆に生徒から、教師のこれまで隠されていた可能性が引き出されるという反面は忘れられがちであったと思う。このことは親と子の間においても同様であると思う。親は、わが子の教育に真剣になればなるほど、わが子から親への働きかけを受けて、教育しようとしたわが子から返って教育されるということがおこってくるのである。したがって、教育は共育であって、共に育つところに本当の教育の姿があると思われてくるのである。このことを、この子らと寝起きを共にしてきた私の体験から語らせていただきたいと思う。（中略）

（台風来襲の話など）…このように、信楽学園の生徒たちは、学園のある神山の地域で最初の生きがいを与えられはじめたのである。また、この生徒たちの働く姿から神山の地域の人たちも人間としての生き方を教えられたのである。（中略）

…私は施設が地域社会から離れたのでは本当の人間は育たない、施設と地域社会とが一緒になった時に本当の人間が育っていくという思いにさせられたのである。私はこれからの日本の施設のこの子らは、地域社会から同情を絶えず投げかけられて生きていく存在ではなく、地域社会を進んで愛していける存在になってもらいたいと願っている。それには、この人たちが地域社会のひとびとから真に愛されているという体験をもってこそ、この人たちもまた、地域社会のひとびとを愛して生きていく人になり得ると思う。そしてそこから、ともどもに人間的に成長していくものと思われるのである。（池田太郎 著『精神薄弱児・者の教育』より）

信楽は理想郷のように言われていますが、この町も、すべての他の地域と同じように、愛も思いやりも、また偏見も差別も意地悪もある普通の日本のひとつの町であって、そんなところでまた、知的障害をもつ人たちも、その住民の一人として、普通に暮らすことができているのです。池田の思いは恵崎をはじめ職員たちに受け継がれ、映画を見て信楽を訪れたという人たちに、職員はいつも「信楽も普通の人が住んでいる普通の町ですよ」と言っています。

『精神薄弱児・者の教育』

〈出典・参考図書〉

○池田太郎『精神薄弱児・者の教育』北大路書房　一九七三年
○池田太郎『精神薄弱児・者の生きがいを求めて』日本精神薄弱者愛護協会　一九七九年
○池田太郎『ふれる・しみいる・わびる教育』北大路書房　一九七八年
○池田太郎『めぐりあい・ひびきあい・はえあいの教育』北大路書房　一九七九年
○黒川美富子編『池田太郎著作集 第一～四巻』図書出版文理閣　一九九七年
○滋賀県立信楽学園編『創立五十周年記念誌「歩」』二〇〇二年
○恵崎順子『信楽で暮らす』文理閣　一九九三年
○社会福祉法人しがらき会編『信楽からの便り（池田太郎遺稿集）』一九八九年

みんな同じ一つの命　茗荷村構想に賭けた熱意の人

田村一二◆たむら　いちじ

明治42年（1909）舞鶴市生まれ。京都師範（現京都教育大学）図画専攻科卒業後、京都市滋野小学校で特別教室を担任。その後「石山学園」「近江学園」「一麦寮」など知的障害児（者）施設を経て昭和50年（1975）茗荷塾を始め、昭和57年（1982）滋賀県愛東町大萩に「茗荷村」を設立。昭和48年（1973）「朝日社会奉仕賞」、平成５年（1993）「石井十次記念賞」を受賞。平成７年86歳で死去。

生涯、知的障害のある人たちと生活を共にし、近江学園、茗荷村《みょうがむら》運動を通して、だれもが水平につながり合える社会のありようを説いた。周囲を明るくし、豊かにし、新しくし、純化する多くの珠玉のことばを遺した魅力あふれる実践者。

小説などの創作も得意とし、『茗荷村見聞記』をはじめ、多くの著書がある。

水平運動と温かい目玉

生涯を掛けて、「誰もが自分のまちで幸せに暮らしていけるまちづくり」をすすめた田村一二は、明治四二年（一九〇九）、京都府に生まれ、京都の滋野小学校で知的障害児クラス「特別学級」の担任をすることになります。ここで、子どもたちの温かい目に触れ、真の障害児教育に目覚めていくのです。昭和五八年（一九八三）、障害のある人も、ない人も共に助け合って生きる「茗荷村※」を滋賀県神崎郡愛東町大萩に建設したのは、田村一二、七四歳の春でした。

「水平運動、これがわからんとほんまの教育者ではないやろうと僕は思うんですね。というのは、先生が生徒を教える、ところが逆に生徒が先生を教えるという事実がある。これを水平運動という。このことを生徒は自覚していないかも知れん、してないでしょう。先生は教えてるけれども、子どもからいろんなことを教えられてるなぁという自覚ができたときに、この先生は天からの免状をもらえた、つまり本物の先生になったと、僕はそう思てます。それがわからん間は、やっぱり紙だけの免許状で本物ではない」

福祉でも同じことです。障害のない人が障害のある人を助ける、そのとき同時に、助けた側が何をもらうかというと、「温かい目」なのです。互いの目の中に本当の気持ちがあって、気持ちが水平に働きあっているときには目は温かくなるのです。子どもに教えられるということ、子どもの温かい目が田村の教育の出発点でした。

特別学級の担任に

昭和八年（一九三三）に京都師範（現 京都教育大学）図画専攻科を卒業した田村は、同じ年の四月、京都市立滋野小学校に赴任しました。この学校で、斉藤千代治校長から、

「田村君、君に受け持っていただきたいのは特別学級です」という要請がありました。「なかなか骨ですよ」という校長に、「はあ、結構です」と平気で答えた田村でしたが、実際には、特別学級とはどんな学級か何も知らなかったのです。知らないというよりも、むしろ心の底では、特別学級というのは優秀な子どもばかりを集め

た、いわゆる秀才学級ではないかと思ったのです。そういう学級を持ってみたいという気持ちと、自分にならそういう学級を持たせてくれるだろうといううぬぼれとが結びついてしまって、平然と「結構です」と答えたのだろうと、自伝的小説『忘れられた子等』で書いています。ところがこの小学校での「特別学級」は知的障害児の特別教室だったのです。

そんなことを知らず、意気揚々と教室に入った田村を迎えた児童は、ニターッと笑って、ボーッと立っていました。このときのことを『忘れられた子等』の中で「そこで、清吉（田村自身のこと）の見たものは、猿の一群であった。事実、彼の網膜へ最初に飛び込んできたものは、まさに猿の一群であった。それも健康な猿ではなく、みんな病気をしていた。それらが丸い机の周りにじっとうずくまっていた。そこからは、新しく入ってきた先生に対するなんらの興味も感激も、どよめきも感じられなかった。ただ、よどんだどぶ水のような沈滞があるだけであった」と表現しています。

期待に反した事態に無性に腹が立ってきた田村は、直ちに校長室に引き返し、「私にはとてもあんな学級はもてません。私は低能児なんか、どう教えてよいかわ

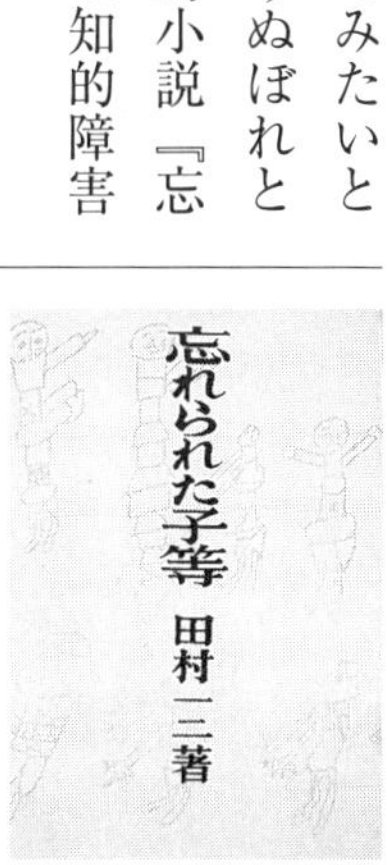

『忘れられた子等』

かりません。私にはとてもできません」

と訴えます。このとき、斉藤校長は
「誰でも初めから教え方なんかわかるものではないのです。できるかできないかやって見なければわからんでしょう」と落ち着いています。

「ペテンだ、普通学級を持たせてください」

と怒る田村に、しばらくの沈黙の後、静かに、そして諭すように、

「ああいった子どもがどんなに気の毒なものであるか、君にも想像はつくでしょう。君はまだ若い。卒業してすぐの若い君が、普通学級を持って、華やかにやりたいと思うのは無理もない。その若い君にそれこそ縁の下の力持ちのような低能児の教育をやらせるということは誰でも気の毒だと思うでしょう。しかし本当の教育の味というものは、むしろ、そうした地味なところにあるんじゃないかと、わたしは思う。私はむしろ若いがゆえに、君をこの教育に投げ込みたいと思う。苦しいには違いないがそれが君の人生というものに何らかの意味で役立つものだと私は確信する。二年間黙ってやってみてください。その上でまた君の意見を聞きましょう」と答えました。

「それでは、どんなにやればいいか、ひとつ教えてください」と尋ねると、前任

の先生から、「のんきにやればいいのです。あせっては駄目です。教え方なんてものは、今私が教えても何にもなりません。君は君の方法でやればいいのです。君は今怒っているが、君のような人なら純粋に子どもと取り組むことができるからいいのです。子どもを対象に研究発表でもしようとするタイプが一番いけません。君なら案外長続きするかもしれません」という返事が返ってきました。

自分の勘違いとはいえ、赴任早々大きな衝撃を受け、「今日から二年間あの連中を相手に暮らさねばならぬとは何たることか、うんと怠けてやろうか、そしたら校長が怒って放り出してくれるだろう」などとも思いつつ、まあとにかくやってみなければわからん、素裸で飛び込んでみてやろう、と心を決めた彼は、絵の具箱をぶら下げて教室へ向かいました。

心は決めたものの、騙された思いがあった田村は苛立ち、つい子どもたちに当り散らします。しかし、そのうち田村は、

「可愛そうな先生や。なんやらイライラしてはるけど、根はそう悪い人やないで。わしらの頭もカァンとやっといては、スマンなぁという目をするやないか」

子どもらが自分を見ている目がそのように語っているように感じはじめます。「子どもらの『温かい目』にふれたと思い込んだ」といいますが、次第に、考え方や子どもたちへの接し方に変化が出てきます。

特別学級でいじめられる子どもは、学校内ばかりか地域や家庭でも孤立していま す。同じ人間に生まれながら、どうして彼らがこんな状況になるのかと真剣に考えはじめたのです。ここが田村の原点となりました。

そして前任者の予感は的中し、二年間の予定が、田村はこのときから五〇年余、知的障害児とかかわることになります。

田村の少年時代

斉藤に見込まれた田村の生い立ちは決して順風ではありませんでした。複雑な家庭環境に育ち、父親の仕事が転々とする中で何度も転校を繰り返しています。

小学校三年生の時、転校した小学校での始業式の日のことです。校長先生の話が長いのと、田舎者の気の弱さから便所へ行きたいと言い出すことができず、とうとう講堂のまん中で小便をたれてしまったのです。さっと飛びのいた仲間たちの輪の中で、床に溜まった小便の中にしょんぼり立ちすくんだ自分の哀れな姿を田村は、のちのちまで忘れることができませんでした。その後、教師になってからも、新入生があると、まず何をおいても真っ先に便所を教え、「どんなことがあっても小便がしたくなったら遠慮なく行けよ」と必ず言ったのは、このときの自分の経験からでした。

田村の子どもたちに対する温かい目や言葉は、少年のころの惨めな体験にねざしたものでもありました。

生活指導の必要性

二年の約束は瞬く間に過ぎ、滋野小学校に赴任して四年目の昭和一一年（一九三六）には、斉藤校長の勧めもあり、特別学級における生活指導の実践を『精神薄弱児の生活指導』としてまとめました。多くの著作がある田村の第一作ともいえる論文です。

「どうも世間がこの精神薄弱児というものを知らなすぎるということに対する悲憤《※ひふん》慷慨《こうがい》である。もっとも白状すればかくいう私も四年前までは精神薄弱児という言葉すら知らなかった。だから勿論その意義も教育も知っているはずがない。それが四年後の今日、もうひとかど、悲憤慷慨して見るようになるのだから面白い。だから私は世間の人に精神薄弱児というものをもっとよく知らせたい。認識を深くさせたいのだ。知は愛なりという。だれだって知らない者よりはよく知っている者の方が可愛いに決まっている。知りもしない者を愛し得ようはずはないのである。この一文で精神薄弱児とはそんな子どもかということが多少でもわかれば、それだけ世間の彼らに対する愛が加わるであろうと考えてかくは拙文《※せつぶん》をひねり出したわけである」

田村は、この論文の中で、知的障害児の教育の理想は、低いけれども生活に差し支えない知識を備えた正直に働く生活へ導くことであると考えていました。障害のない子どもであれば、「これは大事ですよ」と話しておけば、彼らはそれを覚えていて実際の生活に使用できるはずですが、わが子どもたちはそうはいかない。彼らは「口で言って聞かせてもわからない、体を動かすことによって具体的なものを総

●**悲憤慷慨**
悲しみ憤《いきどお》ること。うれい嘆くこと。

●**拙文**
まずい文章。自分の書いた文章をへりくだって言う際に用いる。

合的にそなえねばならない。そして何べんも反復練習してやらねばならない不器用な子」です。そこで、現実の生活そのものの中で生活自体を教育素材としながら、理想の生活ぶりまで高めていくという教育の方法「生活指導」が知的障害児にとって必要であると持論を展開しています。

田村は、次第に、「生活指導」を理想どおり行おうとすれば、教師と児童とは起居を共にしなければならない、時間割で決められた学校の授業ではそれはできないと気づき始めていました。

実践的な教育について語る田村は、すでに障害児教育の先駆者としての道を歩んでいたのです。

池田との出会いと交流

ちょうどこのころ、同じ京都市内の第二衣笠小学校で教鞭をとっていた池田太郎は、秀才児教育、劣等児教育など特殊教育に対する見識で注目される業績を見せていました。池田の論文「普通学級における精神薄弱者の取り扱いについて」が、特※

別教育研究会の懸賞論文として当選し、新聞で報道されたり、ラジオでも放送されたりして当時話題となりましたが、この論文の審査員が、特別教育研究会会長の斉藤校長と高宮文雄（当時、崇仁小学校校長）、そして田村一二だったのです。

このことがきっかけとなり、池田、田村両者の交流がはじまり、その後、研修と称して二人で東北旅行をしています。この旅行が二人の関係をより緊密にしていきました。

紫野《むらさきの》学園構想

実践を通して、教室の中だけの教育ではどうにもならないことに気づきはじめた田村は、駄目だからといって手をこまねいて待ってもいられないと、児童を教室の外に連れ出し、家に連れてきて一緒に食事をしたり、共に風呂に入ったり、生活を共にする試みを始めました。

また、自分の理想とする教育実践を求めて、休暇を利用して実に多くの教育現場・障害児施設などを武者修行のごとく訪問しています。このような中から、教室

●特別教育研究会
　京都市内の知的障害児のための特別学級担任の有志で組織された研究会で、田村が勤務する滋野小学校校長の斎藤千英治が会長を務めていた。

だけの教育にたよらず、教室外での取り組みが増えていったのは自然な成り行きでした。武者修行によってその思いはさらに強まり、やがて学校外での教育実践を試みる機会を求めるようになりました。

当時、京都紫野の大徳寺近くに住まいしていた田村は、大徳寺末寺、芳春寺《ほうしゅんじ》の玉井香山和尚と懇意になり、三年ほど、たびたび子どもたちを連れて寺を訪れています。

ある日、「この子らに生活する力をそなえさせられる生活指導の教育が必要なのだ」という理想に燃えた未だ年若い教師であった田村の障害児教育に対する闘志と強い願いを知った和尚が、紫野の地に田村が理想とする学園を作ろうと言い出します。これが後の紫野学園構想です。田村の喜びはこの上もありませんでした。

戦争の激化にともない、この構想はついに実現しないままに終わってしまったのですが、後の石山学園、近江学園での実践につながるものとなりました。

糸賀との出会い、そして滋賀へ

学校の教室だけの教育についての限界を痛感し、また「紫野学園」の話がなかなか実現しそうもないことについに失望を感じ始めた田村のところに糸賀と池田が訪れたのは、昭和一八年（一九四三）の正月でした。当時すでに滋賀に移り、糸賀とともに新しい学園づくりを進めていた池田は、田村の夢と悩みをぜひ糸賀に聞いてもらいたいと、二人で滋野小学校にやってきたのです。

二八歳の糸賀、三三歳の田村、同世代の池田の三人は、情熱を込めて語りあいます。滋賀県の若手課長として敏腕を振るいつつも、うわすべりで形ばかりの教育にあきたらぬものを感じていた糸賀にとって、夢をもって教育の本質を語る田村との対話は胸襟にふれるものでした。この糸賀との出会いからわずか一年ほどの間に、田村が紫野学園で作ろうとした実践の場が滋賀で具体化していったのです。

この出会いは、近江学園誕生、そしてその後の障害福祉の発展につながるたいへん重要な意味を持つものでした。

石山学園での実践から生まれてきたもの

滋賀県兵事厚生課長であった糸賀は、田村を滋賀県に迎え入れ、宿願を果たさせてやりたいと奔走し、この課の「主事」というポストが空白であったことから、ここに田村を迎え入れることにしました。施設は、大津市石山にあった民間保護施設の湘南学園の一隅に滋賀県社会事業協会が建設した軍事援護のための一棟を石山学園として準備しました。

ところが、滋賀県での受け入れ態勢は整ったものの、京都市も府もこの逸材を手放すことを渋り、田村が滋野小学校長宛にいち早く提出していた辞表は、なかなか許可がおりませんでした。

ようやく決着をみたのは昭和一八年の大晦日のこと、田村に滋賀県社会事業主事の辞令がおりました。そして、昭和一九年（一九四四）の新年早々から、「石山学園」が正式に発足したのです。

一月二二日の夕刻、田村は家族と一五人の少年とともに石山学園に到着し、さっ

COLUMN
❼

石山学園をはじめた頃

田村一二の著書『開墾—石山学園をはじめた頃—』（1979年、北大路書房）には昭和19年から21年までの「石山学園」時代のことが書かれている。空襲の中、野草を食べて15名の知的障害児と共に暮らしてきた彼の経験は、一生のうちで最も貴重なものであるという。「この3年間で鍛えられたいってよい」とまで、いうように、病弱な田村がすっかり身体的にもたくましくなり、さらに実践的教育の田村の根幹が形成した時期でもあるといえる。田村自身も『開墾』が最も思い出深い作品の一つである。京都での教員時代は子どもとの接触は日に僅かであったし、近江学園時代には苦労はすべて糸賀に任せたままであった。誰ひとりとして来賓が来ない石山学園の開園式は子どもらと野草を摘んで料理を並べた。それから竹槍を削り、防空壕を掘り、托鉢で貰った食物で入所児の腹を満たし、はじめて収穫した馬鈴薯に涙したのが田村の石山での生活であった。「田村の生き方と実践は、共同作業所を軸に新しい共同体を創り出そうとする運動に受け継がれるだろう。古くて新しい実践である」と『開墾』のあとがきに記されている。

そく翌日の午後には学園の周囲の開墾をはじめます。この日から近江学園開設までの二年間、一五人の知的障害児と田村の寝食を共にする生活が続くことになります。

石山学園での田村と少年たちとの生活は、開墾に始まり開墾に終わります。学園で一番困ったのは食糧です。終戦直前ですから配給はあっても雀の涙ぐらいで、子どもらは腹を減らしていました。学園の空き地は荒地でしたから、芋と豆を作るためにくぬぎ林と竹藪の開墾を始めます。街の真ん中の特別学級ではできなかった「共に体を動かし汗を流すこと」つまり「流汗同労《るかんどうろう》」の実践でした。

学園に入りたてのころ、子どもたちはなかなか一緒にならず、障害の軽い子が障害の重い子をなめてバカにするということが起こっていました。くぬぎ林の開墾をしていたときのことです。

重度の子どもは開墾の仕事にはなかなか間に合いません。枝一本しか運べないので、そんな調子では一日かかってもちょっとしか進みません。それが軽度の子どもにとってはじれったいわけで、田村のいないときにボロクソに怒るのです。そうすると重度の子どもはしょげ返り、ベソをかいたような顔をして、それでも一生懸命運んでいました。

田村は何もいわないでどうなるだろうと見ていたそうです。すると一か月半ぐらいたったころ、それまでボロクソにいっていた軽度の子が、とうとうその重度の子どもを「よくがんばったね」といって褒めたのです。枝一本を運んでいる姿に褒め言葉を与えた、それしか褒めようがない。それで褒められた子は天にも昇るような喜びようでした。

田村もまた、涙が出そうに嬉しかったのです。

おなじ仕事を、汗を流してやっていると、相手の立場、それから相手の中味がよくわかってきます。そこから褒め言葉がでます。その褒め言葉は、どれだけできたかという結果だけではなく、どれだけ頑張ったかという過程に対しても出ます。これが福祉の仕事をするときにも非常に大事なのです。

近江学園の創設

厳しい戦時下を何とか乗り切ったものの、戦後になって池田の三津浜学園は閉鎖され、田村の石山学園も懸命の努力が続きました。一方、糸賀は、戦後処理の過労が重なり療養生活に入ります。

三者三様に厳しい時代でしたが、田村は池田と共に、社会事業への情熱を絶やすことなく新しい障害児施設の建設計画を進めます。

施設の設置場所は思いどおりには決まらず、計画案の見直しが繰り返されます。しかし、このときの二人は、自らが思い描く理想の学園づくりに夢中でした。

ようやく琵琶湖の南、南郷の丘の上に建つ瀟洒《しょうしゃ》な洋館を学園にすることが決まり、やがて健康を回復した糸賀が参加し、開園に向かった動きが急速に進められていきました。田村、池田は、糸賀を園長に推し、体制が整いました。このとき田村三七歳、障害児らとともに暮らして一三年が経っていました。

昭和二一年（一九四六）、「近江学園」が創設されました。学園は、環境問題児と知的障害児に焦点をしぼり、二部制が採用され、第一部は、戦災孤児、生活困窮児の部門を池田が担当し、第二部を知的障害児の部門として田村が担当することになりました。当時の定員は、第一部六〇名、第二部五〇名、計一一〇名でした。

昭和二六年（一九五一）近江学園園長室にて、左から田村、糸賀、池田

田村にとって近江学園での毎日は非常に忙しくて面白いものでした。最初は庭づくりから始まり、とにかく一生懸命になって先生も子どももみんな一緒にほとんどが裸足で流汗同労の毎日です。この流汗同労がその後茗荷村へと受け継がれていきます。

また、ここでは四六時中勤務のもとに職員の家族と園児が一緒に暮らします。田村の六人の子どもも近江学園の中で学び、育ちました。周囲の人たちにはずいぶん奇妙に映ったようですが、家族も何もかも一緒に学園を盛りあげていこうという意気込みが園児たちにも受け入れられ、園児と田村の子どもたちとのつながりはその後もずっと続きました。人間どうし、人間と自然、いろいろなもののつながりを大事にしていくという田村の思想「混在共存」もまたこのような実践から体験的に形作られてきます。

昭和二七年（一九五二）、池田が信楽寮の園長として赴任していったため、近江学園の具体的な取り組みは田村の肩に大きく委ねられることになりました。田村は知的障害児部門の責任者として、また副園長として十二分にその役割を果たします。

一麦寮の建設※

学園では次第に、満一八歳を越えそのまま学園に留まっている年長者をどうするかという問題が表面化してきました。近江学園は児童施設なので成人は入所できません。そこで職員がお金を出し合って学園の中に建物を建て、そこへ年長者を入れましたが、学園の入所児外ですから県も国も補助金を出しません。といって彼らを追い出すわけにもいきません。年長者の施設「一麦荘《いちばく》」は超満員でした。

入所希望者のためにも一麦荘を拡張する必要はあったのですが、容易ではなく、思いあまって、ついに田村たちは「一麦寮」として新たに施設を建設することを決意します。

「心の通った顔の見える小さな施設」をめざした田村ですが、施設建設については県側とことごとく対立しました。田村は、いつも辞表をポケットに入れて、「どうしてもわしのいうこと聞けんのなら、わしゃ辞表を出す」と工事現場に現れます。ある時、合板を使った廊下を張ろうとしていた現場をみるなり、

●一麦寮

昭和三六年（一九六一）大津市南郷町に開設。年長男子のための知的障害児施設で、昭和三一年（一九五六）に設置された成人寮一麦荘が前身。昭和四五年（一九七〇）石部町東寺に移転。翌年、近江学園も移転し、学園の敷地は南郷町時代の三倍となる。昭和四九年（一九七四）児童福祉施設から知的障害者更生施設に移行。

「燃えたら毒ガスが出てくるようなもんは絶対かなわん、本物の木を使って欲しい」

「先生、そんなことといわれても本物の木は高くなるので使えません」

と現場監督は拒否します。こうした言葉が田村にとっては一番嫌いなことなのです。

「高うつく、高うつくて、そんなもん知るか。どこの世界に命より高いものがあるか」と凄みます。


県にとっても経験がないだけに大変なことだったのですが、田村は頑としてあきらめません。それでも聞き入れないと懐に手を入れるのです。

「あーわかったわかった。先生、また辞表でっしゃろ」と聞いてくれました。

担当の役人は、庁内では有名な暴れん坊だったそうですが、

「あんなオモロイ先生初めてや。なんぞいうたら辞表や。あれには勝てん」といい、その後田村と意気投合したのです。


田村の獅子奮迅《ししふんじん》の活躍の結果、昭和三六年（一九六一）九月九日、ようやく施設は完成し、財団法人大木会の運営による民間施設として、中学卒業以後の男子寮「一麦寮」が出発します。翌三七年には、「社会福祉法人一麦寮」となり、田村は県を退職して寮長となりました。

二〇代のころから描いていた理想がまた一つ具現化したこの時、田村はすでに五〇歳を過ぎていました。糸賀は新しい施設に、「一粒の麦地に落ちて死なずば、唯一つにてあらん。もし死なば多くの果を結ぶべし」の精神を込めた一麦荘にならい、「一麦寮」と命名しました。

いつでも主役は「寮生」

一麦寮の開設にあたっては、新たに職員を採用する必要がありました。職員採用にあたって田村は、採用試験をせず「先着順で」と決め、独自の選考基準を作りました。

「頭がええか悪いかなんてたいしたことやない。知的障害の教育の基本というものは、低いものが大事にされなあかん。誰が来たってその人が大事にされるところやないと、教育そのものがおかしいんやないか。同じ日に二人来たら兄弟の多いほうを採る。どちらも兄弟が多ければ、祖父・祖母と暮らしていたほうを採る。家族の中で揉まれている方がいい」

入所者についても同じ基準でした。同時に二人の申し込みがあったら、障害の重い人を入れる。障害の重い人の方が施設を必要としているのだからという理由です。若い職員であった吉永太市※は、「田村先生は人間を大事にする人でした。そのことでは徹底していました」と振り返っています。

この吉永が近江学園に入った時に、最初に田村から言われたことが、「一芸を持ちなさい。毎日子どもの世話ばっかりやっとったらあかんぞ。それでは教育にはならんし、自分自身が自滅していくから、そこからややずれたところの生活をもっとれ。そうでないと仕事が変になっていく」ということでした。

障害児の教育も、職員の指導も田村の考える基本は同じで、本人のよさが十分に出せる環境をつくり、そこでの過程を大事にしようとしたのです。

施設の最初というのは猛烈に荒れます。現在では知的障害者が地域に出ることは珍しくありませんが、かつては偏見や差別などから身を隠すため、彼らの多くは自宅から一歩も外には出してもらえませんでした。

そんな彼らが、初めて家族から離れ、施設に集まってきたのです。精神的に不安定になり、ガラスを割ったり、衣服を破ったりということは日常茶飯事です。当時

●吉永太市　昭和八年（一九三三）三月生まれ。元、社会福祉法人大木会理事、一麦寮寮長。田村一二をしのぶ追想集『茗荷集』の編集委員長をつとめた。

は入所者五〇人に対し、職員は五人。とても手が回る状況ではありません。つい入所者を叱ってしまう職員の吉永を、田村は大声で怒鳴りつけます。

「お前は一麦寮をだれのもんやと思ってるんや。叱る権利があるかどうか考えてみい。ここの柱一本、ガラス一枚、みんな入所者のものやないか。たとえ寮が柱一本にされても、怒る権利はない」

吉永は、「入所者が主役」という原則を田村から徹底的に教え込まれました。一麦寮では、利用者本位の原則が貫かれていたのです。


ある日、田村は、プールが必要だと言い出します。これにも根拠があって、障害児は水と絶対離れられない関係にあると考えていました。人間は水の中ではひっくり返ったり逆とんぼりになったり自由に体が動かせます。体と頭は関係しているので、水の中で体のいろんな筋肉が使えるという形態が子どもには非常に大事である、というわけで、プールを掘ることになりました。

「日本人ってアホやなと思うのは、プールというとすぐ、『二五メートルないと作ってもアカン』といいよることです。水泳の選手をつくるんではないんやから、タライでも大きければええんです。とにかく水がいるんやから、十何メートルしかあらへんけど、それでかまへんちゅうねん。それからすぐに形にこだわってしもて、そんなもん丸でも三角でもなんでもええんです」

形でなく、本質、実質を大事にした田村らしい言葉です。

茗荷村構想

一麦寮長時代の昭和四六年（一九七一）、田村は小説『茗荷村見聞記《けんもんき》』を出版します。

これは、架空の茗荷村を訪ねた主人公の田村が、村長等の案内で村を見学するというルポ風の小説です。村には居酒屋、木工所、焼物屋、農場等があり、豊かな自然の中で、障害をもつ者ももたない者も、お年寄りも若者も、共に汗を流し、自然を大切にし、仲良く暮らす様子がほのぼのと描かれています。

この本のはしがきに田村は次のような文を書いています。

この「茗荷村」は日本中どこにも無い。ただ私の心の中にだけある空想の村、夢の村である。今から四〇年前、京都市の小学校で、特殊学級担任をしていた頃から、「茗荷村」構想の小さな芽は、私の心の隅に芽生えていたようである。

いい先生になろう、いい教育をしようと、懸命になりながら、なぜこんなところに、こんな風に、こんな子どもたちばかり集めて教育しなければならないのか、なぜ特殊という名で、皆から隔離されなければならないのか、そんな疑問が、ちらちらと私の心をかすめた。

小説は、昭和五四年（一九七九）に映画化され、それをきっかけとして、茗荷村をただの夢に終わらすことなく現実のものにしようという関係者の働きかけをうけ茗荷会が結成されました。一麦寮を退職した田村は、茗荷会の代表として村づくりの準備を着々と進めます。

大萩茗荷村

農村からの情報発信基地として人気が高まる道の駅　※あいとうマーガレットステーションから車で約二〇分、鈴鹿山麓に大萩地区が東西に広がっています。海抜五〇〇メートルの角井峠を越えると大萩茗荷村に到着します。

大萩は、湖東三山のひとつ百済寺《ひゃくさいじ》奥の院があり、東には轆轤《ろくろ》で木工品を作る木地《きじ》師の里（永源寺町蛭谷）もある豊かな自然と歴史を誇る村落でした。ところがダム建設計画や台風による山崩れのため、六一戸が昭和五〇年（一九七五）に集団離村していたのです。村づくりの地を探して各地を歩いた田村の目にとまったのがここ大萩でした。

田村の村づくりの話に心を打たれた元の住民たちが「先祖の土地が社会のために役立つなら」と無償貸与に同意してくれ、昭和五七年（一九八二）七月九日に大萩茗荷村は開村しました。

入村第一号には、茗荷会会員で、大津市内で「町の中で茗荷村を」と活動を続けてきた高城健輔《たかしろけんすけ》さん一家が、また初代村長には、大萩地区に最後まで残って暮らし

●あいとうマーガレットステーション

平成七年（一九九五）愛東町の国道307号沿いにオープンした道の駅。「花のある田園づくり」を町内外に広く提案していくための新たな拠点として活用されている。

ていた元愛東町長の辻仁一《じんいち》さんに決まりました。廃村になっていたこの地域に、障害のある人とない人が共に暮らす村づくりが始まったのです。

開村直後から、地元の老人クラブ、婦人会、青年団、中学生、民生委員などが草刈りに始まって、畑の開墾、しいたけの原木切りなどに進んで労力と経験を提供してくれるようになりました。さらに村づくりを推進するために「大萩茗荷村推進委員会」を発足させ、町長をはじめ社会福祉協議会、大萩地区の役員もメンバーに参加しました。県内外の人々の支援も活発で、村づくり募金も全国各地から寄せられました。

茗荷村の村是

茗荷村には、「賢愚和楽」「自然随順」「物心自立」「後継養成」の四つの村是が定められました。

第一の「賢愚和楽」は、水平のつながりのことです。文字通りの賢愚ではなく、

大萩茗荷村

男女でも、老若、強弱、貧富でも、みなそれぞれ〝差〟はありますが、たった一つのかけがえのない〝いのち〟を持っている点ではなんの〝別〟もありません。これを〝差あって別なし〟といいます。この人間の事実をお互いに見つめあって、みんなが仲良く和して楽しく暮らしていけるように努力しようということです。

第二の「自然随順」は、人間も自然の一部だということです。自然を征服するとか、自然は人間に奉仕するためにあるとか、そういう高慢な心を捨てて、自然を大切にし、汚したり、むやみに切り崩したり壊したりしないで、衣食住ともに自然にしたがって生きていこうという考え方です。

第三の「物心自立」は、自己の確立ということ。簡単に言うと、自分のことは自分でやろうということです。村民は自活が建前です。しかしどうしようもないときは互いに助け合い、寄付や支援もありがたくいただきます。苦しくても、できる限り自分たちの手で作ったものを買ってもらい、それで自立していきたいという考え方です。

第四の「後継養成」は、縦のつながりということ。息の長い仕事をするときは、どうしても後継者の養成が必要です。これを木にたとえると、枝葉のしっかりした若い木が欲しいと思ったら、根を大切にしなくてはだめだということ、根に肥やしを入れて、しっかりと丈夫になってもらうと、放っておいても新しい枝葉や芽が出てきます。根は、年寄り、父母あるいは先輩です。いろんな人間の固まりの中で何とかよい後継者を養成したいと思ったら、その団体の先輩や、土台をつくってくれたお年寄りといった先人の恩を忘れず、大切にする。これが、今、中心になっている人たちの義務であるという考え方です。

田村は茗荷会の例会で次のように話しています。

村是の四か条を全部ひっくるめたら、つながりを大事にせぇということです。人間どうしのつながりを大事にせぇ、自然と人間のつながりを大事にせぇ、自と他のつながりを大事にせぇ、年寄りと若いもんのつながりを大事にせぇということなんです。茗荷村というのはいろんな意味でのつながりの世界であるということですな。

茗荷村村是はごくあたりまえのことです。しかし現代社会は、あたりまえのことがあたりまえでないところに問題があるのではないでしょうか。従って、茗荷村の村民は、村是の実践を通して、この当たり前のことを全く当たり前の

図画の教師であった田村は絵の才能に長け、糸賀・池田の著作にも多くの挿画を残している。右は自書『賢愚和楽』中の田村の絵。

こととして意識しないで身につけて生活することをめざしています。
そして茗荷村づくりに直接、間接にかかわったより多くの人々が、この当たり前の生き方を学び、各人の心の中に茗荷村をつくり、それがひろがり、家庭を、そして地域社会を茗荷村にしていくこと、つまり大萩茗荷村を教科書にして、町が茗荷村になり、最終的には茗荷村がなくなることを願っています。（『大萩茗荷村建設記』より）

「いちばん思い出に残っているのは、『茗荷村はユートピアじゃない』と叱られたことだ。ずっと『夢』として茗荷村をとらえてきたため、大萩茗荷村ができるという記事を書いたとき、『桃源郷※』と紹介してしまった。田村さんからすれば、社会と切り離された茗荷村などあり得ないし、あってはいけないし、桃源郷といった誤った理解が広まることは耐えられなかったに違いない。『わかっていない』ときびしかった。（『茗荷集、追想田村一二』五考隆実の文章より）

田村は、茗荷村を「理想郷」とする考えに対し、その誤りをきびしく指摘します。

●桃源郷
〔陶淵明の「桃花源記」に描かれた理想郷から〕俗世間を離れた平和な世界。桃源。仙境。ユートピア。

茗荷村を特別なものにしてはならない、こんな町はどこにでもある、ふつうの町だ、という社会をつくることが田村の願いだったのです。

すべての石が活かされている社会

田村が語る茗荷村は、「誰もが自分のまちで幸せに暮らせる社会をつくろう」という福祉のまちづくりそのものです。

混在共存

「同じものは世界のどこにもない。みーんな違う、ぜーんぶ違う、差がある」。田村はこのことをとても大事にしていました。田村が、大津市坂本を茗荷会例会（茗荷塾）の場所に決めたのには理由がありました。

坂本は※穴太衆《あのう》積みという石積みで有名なところです。形と大きさの揃った切り石を積んでいくのが普通の石積みですが、この穴太衆積みは、自然石で、どんな形の石も捨てずに、あらゆる石を活かし、見えないところにもちゃんと石を入れて積み

●穴太衆積み
かつて穴太に住んだ石工の集団、穴太衆によって伝承されてきた技術で、加工しない自然石を大小うまく組みあわせ、奥行深く積み、各地の城郭建築に携わった。

上げていきます。キチンとした石でなく、形の整っていない石でもなおかつ必要であるということを如実に示している穴太衆積みは、福祉というものの考え方を石の使い方によって具体的に示しているのです。

福祉というのは、誰かが勝手に解釈して、どちらが偉い、どちらが劣るというのではなく、全く水平なのだというのが田村の考え方です。

「フニャフニャ曲がってんのやら、小さいのやら、大きいのやらいろんな格好のもんがあるけど全部水平なんです。つながっとおる。必要からいうても水平です。こっちがええ石でこっちがアカン石やとはいわん。全部要るんです。ここから本当の福祉の姿をつかんでもらいたい。わからなんだら穴太衆積みを見よということです」

このことを田村は、「混在共存」と表現しています。混在共存の社会は、すべての人が水平につながりあっている社会なのです。こういう社会をつくっていくのが福祉であると考えていました。「福祉とはつながりの水平化である」という言葉はここから生まれたものです。

温かい目玉と流汗同労

上下の一方通行でなしに水平のつながりでできている社会、混在共存の社会をつくるためには温かい目が大変な力を持っています。障害のある子どもを見る人の温かい目玉、この大事な温かい目を一つでも二つでも増やしたいというのが茗荷村運動の具体的な目的です。「目玉をつくること」、これが茗荷村運動の一番大事なところなのです。

どうしてその温かい目玉を育てるかというと、流汗同労の形態がないと育たないのです。一緒になって汗を流して働くことで、相手の中味・相手の立場がわかってきます。そうするとそれが目に現れます。「かわいそうやな」とか「わりあいかわいい顔してるやないか」とか、ただ見ているだけでは温かい目玉ができるはずがないのです。

田村は、茗荷村を「目玉石けん製造場」と呼びました。温かい目玉（目玉石けん）で地球を洗濯して建て直すことが田村の目的であり、温かい目玉が全国各地に散らばって、そこでまたどんどん増え、日本が温かい目玉でいっぱいの国になったら、そのとき茗荷村はもう必要ないのです。

「誰もが自分のまちで幸せに暮らせる社会」、人々が温かい目玉で互いを大事にしている社会、だれもが活かされ、大事にされる社会。田村が描いた混在共存の社会は、私たちの流汗同労の実践によって造られるのです。

〈参考図書〉

○田村一二『精神薄弱者の生活指導（復刻）』「田村一二先生一年祭の集い」実行委員会　一九九六年
○田村一二『忘れられた子等』北大路書房　一九六六年
○田村一二『茗荷村見聞記』北大路書房　一九七一年
○野上芳彦『シリーズ　福祉に生きる⑽　田村一二』大空社　一九九八年
○大萩茗荷村編『田村一二と茗荷村〜茗荷村の例会から〜』二〇〇二年
○『田村一二追想集』編集委員会編『茗荷集　追想田村一二』一九九六年

重症児とともに

岡崎英彦

◆おかざき　ひでひこ

大正11年（1922）岡山県生まれ。昭和16年（1941）京都大学医学部に入学するが、戦争の激化によって軍医として中国戦線へ、復員後、京大付属病院勤務を経て昭和23年（1948）近江学園園医となる。昭和38年（1963）びわこ学園開設と同時に園長に就任。重症心身障害児療育に生涯を捧げる。昭和60年「朝日社会福祉賞」受賞。昭和62年（1987）65歳で死去。

糸賀一雄の創設した近江学園に園医として参加した岡崎英彦は、昭和三八年（一九六三）に西日本で最初の重症心身障害児施設びわこ学園創立と同時に園長となり、引き続き第二びわこ学園を開設します。「熱願冷諦」の岡崎は、地域福祉や高齢者福祉に取り組もうとした矢先、六五歳で逝去しました。岡崎の人生は日本の重症心身障害児者福祉の歩みでもありました。

糸賀に誘われて

昭和二三年（一九四八）八月、近江学園を訪ねるため、石山駅に着いたときには六時の最終バスが出た後でした。迎えにきてくれた主人と、船で行こうということとなり蛍谷から屋形船で下りました。当時の瀬田川の素晴らしい景色に胸をはずませ、途中で川泳ぎする若者に冷やかされながら南郷の船着き場に上がりました。一筋道に続く丘の上に、ラジオドラマの「鐘が鳴る丘」※で聞く、とんがり帽子の建物がくっきりと夏の夕日に映えておりました。

日の沈みかけるのを待って学園に着きました。完成して間もない医局に案内され、これが主人の城と知りました。田村一二先生にお会いして「やってみるかな」と優しい眼差しでおっしゃってくださり、（中略）一か月お世話いただくことになりました。（岡崎英彦追想集『人と仕事』より）

岡崎文子（英彦夫人）が、はじめて近江学園を訪れた時の印象をこのように記しています。波瀾にとんだ岡崎の人生とは異なった穏やかな印象をあたえてくれる文

●**鐘が鳴る丘**

昭和二二年（一九四七）に始まったNHKのラジオドラマ。脚本菊田一夫、主題歌作曲古関裕而のコンビは「君の名は」でも知られている。

章です。

岡崎が糸賀に出会ったのは、学生時代にさかのぼります。京都洛北の鷹が峰麓の興亜寮に入寮した彼は、ここが学生義勇軍の拠点のひとつであったこともあり、この運動に参加します。学生義勇軍は、戦局の拡大悪化による労働力不足を補うため、施工の遅れているダム工事などに、学生が勤労奉仕をしていた団体です。この時、学生義勇軍※関西支部長をしていたのが糸賀一雄（滋賀県知事官房秘書課長）です。「糸賀先生が近江学園の園長に就任したときに始まり、糸賀先生によってさだめられたかのような人生を、一度も迷うことはなかった」と言う岡崎は、施設の暮らしが、自分の性に合っていたということもあるのでしょうが、学生時代の糸賀との出会いや、戦場と終戦の体験が宿命的な「縁」となります。

学生時代に、大津の県庁前の糸賀が住んでいた古い官舎を頻繁に訪ねた岡崎は、友人たちが「いかに生きるべきか」「主体性を生きるとは」など、よく喋り、よく呑み、よく食べ、ものすごい熱気で議論を闘わせる中で、いつも控えめな存在でした。ところがある時、

●学生義勇軍

第二次世界大戦中、戦局が拡大し社会事情の悪化による日本の労働力不足を補おうと、学生がボランティアとしてダム建設などの工事に参加。糸賀は昭和一六年（一九四一）にこの運動に関係し、学生義勇軍の三代目会長で後に国鉄総裁になった十河（そごう）信二から関西支部長を要請され、この運動で岡崎英彦をはじめ矢野隆夫、斎藤晃一、増田正司らはここで活躍し、糸賀との交流を深めていた。学生義勇軍の運動を、「己を無にして国家社会のために奉仕し、しかもその奉仕を奉仕と思わない精神は尊いものだ」と糸賀は語っている。

「主体性を生きるとは、自分がやむに止まれぬ熱意で、いのちがけで一生涯を通して取り組める課題を見いだし、それに生きていくことだ。」

と、静かな口調で、その後の自分を見据えるかのように、力強い言葉で語っています。

学生時代の岡崎を知る糸賀ふさ（糸賀氏夫人）は、

「岡崎さんの話し声は聞いた覚えがないのです。派手に話す方ではなかったのでしょう。しかし、大事な相談の時は『岡崎さんがこう云った』ということで決められていたので、信頼感をもたれている人だなという印象でした」

と、当時の岡崎のことを語っています。

軍医として、死を見つめ、そして帰還

岡崎は、大正一一年（一九二二）、岡山県に生まれ、昭和一六年（一九四一）京都帝国大学医学部に入学しますが、次第に厳しさを増す戦局の中、昭和一九年（一九四四）九月に繰り上げ卒業し、翌月には医師免許を受けて応召され、軍医として中国戦線に向かいました。

戦地で、自分と同世代の若い兵士の多くが病気で次々と命を落としていく状況の中で、一度も病気も負傷もしないで復員した岡崎は、

「復員船が内地に向けて出航した時、死亡した人々の思いをずっしり肩に乗せられた。いや、負っているのだという気持ちに襲われた。どうもこれは私だけではないらしい。今もってそれから逃れられないのは、戦前、戦中派、それも戦場帰りの『業』のようなものらしい」

と、いつまでも亡くなった人たちの想いを持ち続けていました。


岡崎が中国戦線から帰還後の昭和二一年（一九四六）、大学の医学部に戻ってきた岡崎は、学生時代に世話になった糸賀を何度か訪ねました。糸賀は近江学園創設の準備に取り組み、田村や池田を交えて構想を練っていた頃のことです。糸賀は躊躇することなく、施設づくりの協力を岡崎に求めたのでした。

施設の医師として

「これからの日本は、何より子どもの教育が大切である。しかし、それはいわゆる『エリート教育』ではなく、街に溢れ、さまよっている戦災孤児や浮浪児、そして、知的障害をもつ子どもたちが一緒になって暮らすことのできる「村づくり」をしなければならない」と自らの構想を熱っぽく語る糸賀は、続けて

「岡崎君、『村づくり』のためにはどうしても医者が必要なのです。お願いできますか」

と岡崎に近江学園に来ることを要請したのでした。

当時の岡崎は、医学部の教室ではまだ新人医局員。小児科も勉強を始めたばかりで、とても教室を飛び出すことはできませんでした。それでも糸賀の情熱にほだされた岡崎は、日曜日ごとに学園に出かけることにしたのです。

しかし、たちまち、近江学園の子どもの数は増え、昭和二二年（一九四七）には現状では対応できなくなりました。窮状をみた岡崎は、「下宿を変わるのも同じ」

とばかりに住まいを近江学園に移しました。学園内の廊下の行き止まりを仕切り、三畳ほどの自室兼診療室に「夢殿」という看板を掲げ、急こしらえの診療室としました。翌年一月には、創設当時から園医を務めた本原貫一郎医師の後を受け、園医となり、四月には大学病院を辞めたのです。六月には近江学園医局が落成し、岡崎は、保健師、看護師と三人の体制で子どもに多く見られた結核や先天性梅毒、マラリヤ、回虫症、十二指腸虫症、トラコーマ、皮膚病、感冒、気管支炎、胃腸炎の治療、そして、のみ、しらみの駆除などに忙しく取り組みはじめました。

とりわけ、大学医局時代から回虫※の駆除薬の開発にあたっていた岡崎は、学園でも駆除薬を子どもたちに服用させ、その経過の研究に心血を注ぎはじめたのです。回虫を保有している者は、都市部はともかく、地方の子どもは八〇～一〇〇％の割合という時代で、回虫によるさまざまな症状が現われ、時には死に至ることも少なくありませんでした。岡崎は傍目からは到底、美しいとも思えない、丼鉢の中にうじゃうじゃといる回虫を、一匹一匹、割り箸にはさんで、鼻先にぶらさげ、こんなに楽しいことがこの世にあろうかといいたそうな顔つきで、しげしげと眺め、回虫と格闘していたのです。

ところで学園に赴任した岡崎は、常に「施設における医師の立場」とは何かとい

●回虫
カイチュウ科の線虫で、人体寄生虫。雄は体長一五～二五㎝で、尾端が鉤状に曲がり、雌は体長二〇～四〇㎝で尾端が鈍く尖る。

うことを考えていました。施設で、医師として、どんな立場で何を追求すべきかという葛藤もあったのです。

こういう施設に入らなければならない子どもと直面して、何とかしていろいろの問題を解決していくのに努力したいという気持が動いた。

もちろんこの場合、小児科的な技能や知識は、力一杯努力して身につける。あるいはそういうものを利用していく必要は痛感するのであるが、別に又、それだけでは中心課題である所の子どもたちの処遇の問題には入りきれないものがあることを認めざるを得なかった。

そこで私は私の医師である立場、小児科を多少とも勉強した者としての立場にこだわることを止めようと思った。そういう事をいうとある人は、それは小児科医じゃないねと評した。（中略）私は子どもたちをこういう形で育てていくことに興味をもったのであるから、今更どういうふうにかわれといっても無理なように思う。こうなれば子どもを育てることに徹する以外にはないと覚悟を決めた。そのことのために、小児科学以外のものを勉強しなければならないとしても、小児科学を全く放棄することにはならない。それどころか、大いに

必要であるし、勉強も続けていくつもりだ。（『南郷』※第一六号（昭和三〇年一一月一五日）号より）

「杉の子組」からびわこ学園へ

昭和二八年（一九五三）、知的障害をもつ園児の一人が、度重なる下痢のために医局に入室し、続いて、てんかんの発作を繰り返し、従来のクラスでは対応が困難になった園児も医局にやってきました。この時、この二人にとりわけ医療的な関わりが必要であると考えた岡崎は、思い切って医局の中の静養室を一つつぶして別のクラスを作ることにしました。これが「杉の子組」の始まりです。

この二人のほかに、二人の子どもを迎えた四人の「杉の子組」には、保育士が二人配置され、岡崎と看護師、保健師の支援という体制での取り組みがはじまりました。当時の近江学園で、このような体制をとることは大変なことで、担任の保育士は「すざまじい努力であった」といいます。岡崎らは寝ても醒めても子どもたちと一緒で、ほとんど休みをとることはなかったのでした。医務室も目が離せませんが

●『南郷』

昭和二二年（一九一七）二月に創刊。その創刊の辞は「春を迎える心」と副題され、戦後の混乱期のなかで「同志とともに奮闘」した創設に向けての産みの苦しみが述べられている。

近江学園機関誌『南郷』創刊号（大津市歴史博物館蔵）

無論、岡崎自身も、いつ何がおこるかわからない中、気を許すわけにはいかない毎日を過ごしたのです。

近江学園が発足してから十年余りの間に、さまざまの子供たちの問題を受け止め、新しい試行を展開し、その方法をふまえて問題の社会的解決のために、新しい場をいくつか作ってきた。ここでその歩みに、また新しい一つを加える決意をすることになったわけである。

ただ今回の場合は、問題の性質上、これまでと違って、特にその場の中に、非常に大きな重みをもって、いやむしろ中心的な機能として医療をおかねばならないと考えた。もちろんはじめから、子供たちの生活、教育、訓練をやってゆくのに、医療がそばにあって、必要な時に手を出す…いわば側面からの支えという範囲をこえて、生活の流れそのもののもつ意味の中に、中心的な柱として医療やそれに密接した医学的生活管理をもつことになる。それほど対象となる子供たちの状態が重いといえる。（岡崎英彦『障害児と共に三十年―施設の医師として―』より）

「杉の子組」での取り組みから、重い障害を併せ持つ重度心身障害児に対しては特別な方法が必要であり、一人ひとりの子どもへの個別対応を行うためには、近江学園という大きな集団の中では大変難しく、限界があることが明らかになってきました。そして、新たな施設の建設を目標とした取り組みが始まったのです。

昭和三三年（一九五八）五月、「杉の子組」での取り組みの総括をもとに、財団法人大木会に重症心身障害児のための施設建設を具申し、翌年の二月に大木会は重度重複障害児のための仮称「滋賀育成園」建設を決定しました。しかし、予定地整備の遅れなどによって建設が遅れていた中、昭和三五年（一九六〇）に、全国初の重度心身障害児施設として東京の郊外に「島田療育園」が開設されました。

財団法人大木会の重度重複障害児施設は、田村一二によって「びわこ学園」と命名され、昭和三八年（一九六三）四月、四〇床で開設されました。近江学園で一七年間を過ごした岡崎は、近江学園の六名の子どもと共にびわこ学園に赴き、園長に就任したのです。

「岡崎君、ここは君の生涯の仕事場だ。糸賀君や大勢の人が君のために用意したようなものだ」という田村の言葉の意味が岡崎には痛いほどよくわかっていました。重い障害をもつ子どもたちのための施設は社会的に必要とされていましたが、関係

第一びわこ学園（大津に開設された頃）

者でさえも充分に認識されてはいない時代のことでした。

「このような施設の運営は今の状況下では大へんな困難が予想される。…私は今私が園長として適任であるか否かを知らない。私が園長として適任であろうとなかろうと、この仕事は進められなければならないし、多くの人がそのことを期待している。私がそのことを通じて、私自身もこの子どもたちと同時に育てられるであろうことをねがうのみである。」（『南郷』第一一号より、昭和三六年一一月一日）

と当時の決意を述べています。

　全国で二番目、西日本で初の重症心身障害児施設であるびわこ学園への期待は大きく、入園希望者は、関西地域だけでも数百名にのぼりました。昭和三八年（一九六三）一二月、新たに五〇床の建設工事が始まり、昭和四〇年（一九六五）には野洲町から町所有地の提供を受け、翌年二月の竣工とともに一〇〇床の※第二びわこ学園が開園します。

　びわこ学園には入所希望者が増えるとともに、視察に訪れる人も引きを切らない状況となってきました。中には明らかに観光を兼ねたものもありましたが、どんな

昭和四〇年に新築された第二びわこ学園

に多忙な時でも岡崎は、「たとえどのような理由であっても『びわこ学園』を知ってもらうだけで充分ではないか」と来訪者に積極的に対応したのです。

慌しく時間がすぎていく中、第二びわこ学園の新たな八〇床の開設に先立つ一か月前の昭和四三年（一九六八）九月、岡崎が最も信頼していた糸賀が、突然逝去しました。

「ぼくは、糸賀先生のしかれたレールの上を歩いてきただけ」という岡崎が、精神的に大きなショックを受けたのは言うまでもありません。それだけではありませんでした。

糸賀の存命中は、経済的な運営に関する責任は糸賀が担当していましたので、岡崎は子どもたちの医療や健康管理に集中することができました。それが、突然、第一、第二びわこ学園の運営のすべてが、岡崎の双肩にかかってくることになったのです。

療育への取り組みと「びわこ学園問題」の発生

開設されてから二、三年は、相次ぐ施設建設、それに伴う職員補充、新しい子ど

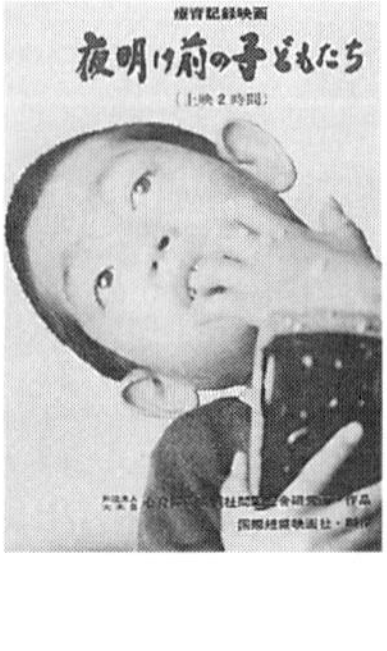

「夜明け前の子どもたち」は、第二びわこ学園の子どもたちの生活と、ここでのさまざまな取組みを続ける平常の姿を昭和四二年（一九六七）から一年以上をかけて撮影した療育記録映画

もの入園という繰り返しの中、組織的、計画的な取り組みを行うことはできませんでした。

しかし、気が付くと子どもたちに少しずつ、一人ずつ変化が見えます。その子なりの可能な動きの中で、活発に自らの意志で動こうとします。また、麻痺による緊張の強い子どもが、職員と接するとき、ますます緊張が強くなり、食べ物を飲み込むことができなくなるほどの重症な子どもが、次第になれてきたのです。子どもと職員との関わりの中で双方の関係が結ばれ、広がっていくのを確認できるようになり、家庭から学園へと生活環境が変わった子どもたちに大きな変化が見えはじめてきたのです。

徐々に学園の療育の方針が定まると、職員の動きや子どもたちどうしのふれあい、道具や室内・室外での移動など、あらゆる生活の運びが、子どもたちの自主的な、より活発な動きをさそいだす方向、その動きがまとまりを持つ方向へ作り上げられていきました。

子どもたちの成長を目《ま》のあたりにし、もっと手がかりを得たい、見つけたいとさまざまな試みが始まります。医療、看護が必要不可欠な子どもたちですから「相当おっかなびっくり」しながらも指導員や保育士が、とくに障害の重い子どもたちを、ベッドからプレールームに連れ出し、時には戸外にも連れ出したのです。手足を動かしたり、体全体を動かしたり、おもちゃを工夫したり、音楽を聴いたり、車いす、車での外出など、活発な活動を繰り広げました。このような試みによって、子どもたちの世界はどんどん広がり、病棟内から戸外活動への取り組みがはじまりました。「つたえあう」「ゆさぶり」「ひきだす」という療育の概念から、グループ制の活動、療育集団づくりが、各入所者に合わせて積極的に行われるようになってきたのでした。

一方で、子どもたちは、当然ですが、身長も体重も増えていきます。子ども一人に対して配置される職員数は、重度の障害をもつ子どもだからといって特別に配慮がなされてはいませんでした。必然的に、子どもに関わる職員の身体への負担も増加し、職員に腰痛、※頸腕《けいわん》症候群などの症状が広がりはじめてきました。

それでも、びわこ学園では、どんどん活動の場は広がり、職員の動きもますます激しくなっていきます。野洲川でアユをとったり、外でごはんを食べたり、遠出をしたりという具合に、天気が良くて人手のある日は、とにかく外へ出ていきました。入所者を一人おんぶして、前と後に車イスを連ねて、無理を押してでも外出するようになると、職員の負担は増加する一方でした。腰痛や頸腕症候群は、治療を受けて、休むと少しは回復するものの、仕事に戻ればすぐに再発、悪化します。そして

●頸腕症候群

首から肩・腕さらに手指にかけて痛み、痺れを訴える症状。進行すると手指の運動障害、筋萎縮を起こす。頸椎の椎間板障害や変形性脊椎症が主因と考えられている。

どんどんと職員が辞めていきました。

ついに昭和四五年（一九七〇）には九名の職員が労働災害と認定されたのですが、その解決策が講じられるなど見通しがたったわけではありませんでした。業務改善には取り組むものの、人手不足、設備不足はますます顕著になり、職員を増員するにも財源を確保できないという悪循環が続きます。職員の「しんどい」という言葉があいさつ替わりのようになるなど事態は好転しません。

重症児だって、身長も体重もふえる。あたり前のことで、そうならなければ大変だが、そのため室は狭くなり、動こうにも、動かそうにもできにくくなる。少しでもやろうとすると職員の腰痛がおこる。子どもたちが動くようになれば、自他の危険予防という点からだけでも、人手をより多く必要とする。より動くようにしようと思えば、さらに人手がいる。日常生活で最も簡単なこんなことだけでも、いやこんなことだけにといってもよいが、施設は子どもたちの発達の現実から取り残されてしまった。（中略）かつて子どもたちが、在宅していたときに、親たちが身を切られる思いでつぶやいた「子どもよ、大きくならないで」という言葉は、今や、現状を維持することすら困難になりつつある施設

の中の、職員のつぶやきとなった。(『両親の集い』第一七四号、昭和四五年一一月)

こんなふうに現状を憂う岡崎は、「これを打開する路は一つしかない。…もう一度、初心にかえり子どもたちの文字通り〝生きる〟希いを実現するための社会的な努力を重ねるしかなかろう。子どもたちに、より立派に生きよというために、もう一度、いや二度でも三度でも、一人でも多くの力を合わせよう」(『両親の集い』同号)と訴えます。

しかし、事態はますます悪化するばかりです。昭和四八年(一九七三)にはとうとう第二びわこ学園の一つの病棟で勤務表が組めないところまでになってきたのです。組合や保護者会が厚生省に陳情活動を行った結果、緊急特別支弁としての援助が行われたものの、根本的な打開策とならず、入所者の一時帰宅(退園)を申し入れるにいたりました。労働組合は、野洲駅前で署名活動を行い、マイクを持ち、労働条件の改善要求を世間に問います。団体交渉が何度もくりかえされ、とうとう十二月に入ると組合は一部の保護者や子どもとともに時限ストを実施したのでした。

学校へいきたい、友だちがほしい

また、この時期、「おしめをしてでも学校にいきたい、友だちがほしい」と訴える子どもの教育保障をどうするのかという新たな問題がもちあがりました。当時は、障害をもつ子どもの教育を受ける権利は確立されておらず、障害が重いという理由だけで就学猶予、免除との名目で、就学が保障されていませんでした。

しかし、最低の介助の上に、少しは保育、指導、訓練を願い努力していた職員も、子どもに学習らしいことをするゆとりはありませんでした。まして「友だちを」といわれてもなすすべはありませんでした。職員に広がった腰痛症が、人手不足の状況をますます悪くしていきます。岡崎は、「彼らが口ぐせのように、『学校へいきたい』といいだしたのも、まことに当然のなりゆきであった」(『障害児と共に三〇年』)と苦しい立場にあっても子どもの願いが当然であることを認めていたのですが、事態は八方ふさがりです。

「おしめをしてでも」と訴えた子どもは、学校に行きたいという願いがかなうことなく、亡くなってしまいます。昭和四四年（一九六九）になって、これを全入所者の教育問題としてとらえ、活発な議論が行われました。第一びわこ学園、第二びわこ学園ともに教育問題の検討委員会を設置し、養護学校への入学を認めるよう要望書を提出し、入学申請書を提出するなどの行動を起こします。しかし、養護学校からは入学不許可の通知が戻されてきました。再度入学願書を提出をしても事態は同じく許可されません。あまりの理不尽な事態に抗議して、職員と入所者がビラまきを行い、窮状を社会に訴えます。

こうした職員たちの行動を目の当たりにした岡崎は「私には関係者を説得して壁を破れる自信がなく、非力を痛感させられた」と自らの限界を嘆いていました。やがて、滋賀県教育委員会は「重症心身障害児教育の管理、運営及び、教育の内容、方法に関する研究」を養護学校に委託し、昭和四八年度からは三か年計画で第二びわこ学園の入所者を対象に「実験学校」を開く提案をようやく受けいれました。この結果を「※糊塗《こと》しただけ」と考える職員もいましたが、岡崎はこれを受け入れたのです。

昭和四八年（一九七三）に滋賀県厚生部婦人児童課長に命じられ、着任早々に第二びわこ学園紛争の収拾に着手した佐野利昭（元厚生省援護局長）は「当事者とし

●糊塗
一時しのぎにごまかしておくこと。

て事態をどう改革するかという点が欠けており、大変不満を感じた」と、びわこ学園問題における岡崎の管理者としての態度に不満を感じていました。しかしその後、佐野は、知事の了解を得て県独自の財政支出の拡大・借金返済財源への特別融資、施設・設備の改善整備支援、職員募集活動への支援などを柱とする特別対策を実施することにし、関係一六府県を招集して協力の要請をするという解決策を講じたのです。

佐野は後年「先生には随分失礼な言動も多かったが、先生はいつもそれを柳に風と受け流され、びわこ学園の再建に邁進された。考えてみれば皆が激突して熱くなっているときにリーダーも熱狂しては物事の解決は図れない。その時にこそリーダーは冷静にかつ的確に情勢を判断し、全体をより良い方向に導くことを要請される。正に先生はあの激動の時代を真のリーダーとして我々凡人共の批判を意に介さず、適切に対処されたのではないかと、今にして思い当たるのである」（岡崎英彦追悼集）と岡崎の深慮した行動を評価しています。

一方で、「第二びわこ学園のストを頂点にした人員増を巡る労使紛争を乗り切れたのも、岡崎さんの、この人柄が大きく働いたと思います。ストである限り労使の問題になってしまいますが、本当のところは国、県の政策を引き出す代理戦争であったのです」と当時の、朝日新聞記者の五孝隆実は別の見解を示し、この時岡崎が「我身を切って学園のために肉を取った」と見ていたのでした。

学園、保護者会、労働組合との話し合いが進められているある日、岡崎は改善要求を求めてきた職員に対して「大東亜戦争のように戦線を拡大して玉砕するわけにはいかん」と語ったのでした。戦病死した人の想いを背負って生きる岡崎らしい言葉です。

昭和四九年（一九七四）四月、ようやく直接介護職員の増員が図られ、介護比率は入所者一対職員一となって、事態は収束に向かいます。就学問題に関しては、養※護学校の義務化の流れも追い風となって、実験学校の二年目の終わりである昭和五〇年度には、第二びわこ学園の三名の入所者が養護学校に入学することが決定しました。翌昭和五一年度には第二びわこ学園内に八幡養護学校の分室が設けられ、さらに昭和五三年には第一びわこ学園内に八幡養護学校野洲校舎が、昭和五四年には第一びわこ学園内に北大津養護学校長等校舎が竣工されたのでした。

●**養護学校の義務化**

学校教育法第二二条、第三九条および第七四条の規定に基づく養護学校の設置義務および就学義務の制度のこと。昭和五四年（一九七九）に施行され、心身障害児の義務教育が完全に保障されることになった。

再出発

岡崎は、激動期を振り返り、かなり回り道をしたけれども、職員間、職員と入所者との「裸のかかわり」によって、「形にならないつながり」が残ったといいます。この時期を経て、岡崎はびわこ学園の将来展望に賭けていくのです。

今、私達は再び出発点に立った思いをもっています。…残念ながら私達はまだ園児・生の気持ちを的確に知る目をもっていません。それは必要だと思いますが、客観的に彼等を見るだけの目では、矛盾をこえる彼等の育ちの力にならないのです。日々さまざまの枠を強いられる園児・生のやり切れない悩み、怒りを私達も切ない思いで受け止め、それを心に秘めて、彼等の喜びや積極的な意欲をさそい出す、ひたむきな、裸のかかわりを通じてしか養えない目がほしい、そういうかかわりは、当然園児・生自体の目、物事をうけとめる構えを広げるにちがいないからです。それでやっと気持ちの通じた、共に生きる『世界』が開ける筈です。

今それがやれるかと聞かれれば、自信がありませんが、誰にしても、人が社会で育ち、生きるのは、まわりの人との気持ちを通じ、共にという実感のある世界をもった時でありましょう。…お互いに生き育つ道は、それしかないように思います。(『びわこ学園だより』第二四号)

昭和五四年(一九七九)には「びわこ学園将来構想検討委員会」を発足させ、丸二年をかけて、最終答申がまとめられました。その構想では、以下の課題をかかげました。

第一に、西日本という広域でなく滋賀県という地域の中での役割機能に重点をおくこと。

第二に、できるだけ関連の施設へ措置変更やもしも可能ならば家庭復帰をも目標とした療育を考えること。

第三に、重度、重複、重症の障害児者に対しても、できるだけ在宅、地域における療育が可能になるよう訪問指導や外来診療、通園療育、一時入所などの活動を付加すること。

第四に、教育、福祉、医療、リハビリテーションの分野で、障害児者にかかわる県内外、さらに要請があれば国外からの人々をも含めて、共に研修し研究する機能をもつこと。

この構想は、滋賀県が策定をすすめていた社会福祉計画における、学園の果たすべき役割についてと同じ方向をもっていました。「県民全体の施設に脱皮せねばならない」と決意する岡崎はまた、この将来構想の実現が「それは国の福祉施策の基本的な柱の一つでもある地域福祉対策を進める試行的なものとして、県という地域をこえた意味ももつ」と決意したのです。（『びわこ学園だより』第一八号）

昭和五五年（一九八〇）滋賀県社会福祉計画を策定し、画期的な「福祉圏」※を策定した辻哲夫（現 厚生労働省厚生労働審議官）は、岡崎から次のようなアドバイスを受けたといいます。

「障害児をめぐるトータルなニードを把握しそれにトータルに対応する体制が必要である。特に県行政ともなると障害児及びその親のおかれた状況に対する正しい認識を持ちつつこれをしっかり受け止めるという寛容さを持ってほしい。その上でニードの把握はむしろ身近な関係者も参加する中で行い、大いにもみながら様々な対応の責任や役割を明らかにしていく作業が大切だ。重い障害をトータルに受け止め

●福祉圏

昭和五六年に策定された「滋賀県社会福祉計画」の中で提唱された考え方。本来福祉活動は暮しに密着した市町村或いはそれより小さい生活福祉地域を基盤に展開されるべきものであり、市町村はそのことに責任を持ち、主体的な努力を行う必要があるが、市町村という単位を越えた広域市町村圏を福祉圏として設定し、市町村を援助し、更により高度なニーズに応える活動や対策を準備するという役割をもつ。

る圏域の規模としては、関係者のつながりを維持しながら専門家を確保していくという観点から一〇数万人から三〇万人ぐらいが一番よいのではないか」(『岡崎英彦随想集』)。

人に押し付けるふうでなく淡々とした語り口でしたが、熱意のこもった大変重要な指摘であり、現在においてもますますその重みを感じていると岡崎の先見性を評価しています。

発達保障

またこの間、岡崎は、厚生省の重症心身障害児研究班において、重症心身障害児に関する研究を進めていました。そして「発達保障」という考え方を、びわこ学園の実践の中でさらに深めていきます。

まず人は「外部から独立した統一体として生きているというよりも、生きる場である環境との密接不可分のかかわりの中で、むしろ環境をもとりこんで、総括的・統一的に生きる主体であるとみるのが妥当」といいます。そして「たとえ、その個

岡崎英彦追想集『人と仕事』

体に何かの障害があってもその生きる営みの姿は基本的に同じである」と断言しているのです。

出生から児童期にわたる期間は、出生前（胎内の時期）とは比較にはならないが、その後の時期にくらべればはるかに早い速度で身体的な成熟が進み、それにともなって新しい機能が次々に発現し、それらの相互の機能関連が、総合的・統一的に高次化してくる時期である。そしてその過程は胎内ある時とは全くちがう体外の環境の中で、次第により広い領域に、またより複雑な変動に対応し、そこからの刺激をとりこみ、消化し、自分の世界にくみこんでゆく営みとして展開する。

障害児の場合も、この展開の過程は、普通児にくらべ、速度において、量的・質的な内容において、それなりのずれはあるが、基本的には同じ構造・意味をもっている。（『子どもの発達と教育７』より）

発達とは、「こういう意味をもって展開する子どもの生きる営みは、個体の状態、それはおかれた環境のちがいに応じて、さまざまな展開の方向をたどる可能性をもち、しかも成長とともに、方向選択の自由度―可能性の幅が広がる。どのような方向が選択されようと、それ自体はその子どもの中での主体的な営みとみるわけであるが、そのような可能性のなかで、将来を見通して、より望ましい方向への展開」であるといいます。

そしてその発達の保障とは、「その方向へ進むように、個体自体を含めた環境―場に選択的操作を加えること」であるといいます。

遠回りしましたが、激動期を乗り越えた岡崎は、重症心身障害児の療育、研究、地域福祉へと幅広い活躍を展開していきます。

滋賀の社会福祉を進める会

昭和五〇年(一九七五)一月、前年末に武村正義知事が誕生したのを機に「滋賀の社会福祉を進める会」が結成され、岡崎はこの代表委員を務めました。昭和五二年(一九七七)に湖東町で障害児をもつ母親が母子心中するという事件が発生しましたが、「進める会」では、早速この事件を重大なものとして受け止め、社会福祉事業開発基金の補助を受けて「心身障害児（者）福祉に関する調査」を実施します。多忙な岡崎ですが、膨大なデータ分析を担ったのです。当時、「進める会」に参加していた長尾寿賀夫は、

「…大半は先生の手作業であった。この時ばかりは先生の分析力や根気の要る図表づくりなど、激務の傍らよくやられると、その責任感にただただ頭の下がる思いであった。…私たちは岡崎先生の自宅にしょっちゅうお邪魔した。…話の途中で先生は、喘息薬を吸入器で喉に入れておられた。また、宿直から『子どもが』と連絡があり『よっしゃ』と席をたたれることもあった。『大変だなあ』と私達は神妙な気持ちにさせられたものである。」（『岡崎英彦追想集』）と当時のようすをふり返っています。

さらに岡崎は、滋賀県社会福祉審議会委員、国際障害者年※をすすめる滋賀県懇談会の世話人など数多くの公職を精力的に務めました。そして、昭和五八年（一九八三）には滋賀の社会福祉を地域全体で考え、実践していこうと滋賀県社会福祉学会※が開催されます。岡崎はこの学会の初代実行委員長となります。翌年の四月には、その創設に関わった第一、第二びわこ学園園長を退任し、名誉園長となりましたが、

●**国際障害者年**
　障害者の社会生活と、生活する社会の発展に対する障害者の「完全参加」と、他の市民と等しい生活諸条件を意味する「平等」の目標の実現、社会的経済的発展による生活諸条件の改善の平等の享受などを促進することを目的に、国連が昭和五六年（一九八一）を国際障害者年とした。

●**滋賀県社会福祉学会**
　社会福祉の領域にとどまらず、保健衛生、教育の分野にも広げ相互理解と研さんの場の提供をもとめて昭和五八年に第一回滋賀県社会福祉学会が開催された。

生来の気管支ぜんそくと格闘しながらも多忙を極め、医師でありながら自らの健康にはほとんどかまうことなく走り続けていたのです。

そんな岡崎でしたが、昭和六〇年（一九八五）七月一〇日、気管支ぜんそくによる急性呼吸不全で、意識不明のまま大津赤十字病院に入院したのです。幸い命はとりとめたものの、翌年の六月二一日に、再び入院します。そして、昭和六二年（一九八二）六月一一日未明。就寝中に状態が急変し、滋賀県立成人病センターへ搬送されたまま帰らぬ人となりました。

熱願冷諦

岡崎は、「熱願冷諦」という言葉を座右の銘としていました。

この言葉は岡崎の造語ですが、直訳すると、「熱願」は熱く願うこと。「冷諦」の諦は、あきらめるのではなく、多方面よりの冷静な観察をまとめて真相をはっきりさせる、あるいは他にわかるようにすべてあきらかにするという意味だそうです。まさに彼自身の生き方をしめしているようです。

「岡崎先生はどんな状況下にあっても、覚めた部分がありました。従軍医としての体験がそうさせたのか、もともと科学者として冷静な眼（見方）をもっていらしたのか。いつも飄々《ひょうひょう》とされているのに意外でした」と語る、びわこ障害者支援センター長を務める遠藤六郎は、岡崎が倒れた時の言葉が、いつまでも心に残り離れないのです。

倒れて入院した時にでも仕事のことが脳裏から離れず、「まだ仕事ができるかテストして欲しい」と遠藤に言っていました。加えて「復帰した場合、どれだけ仕事ができるか、押し量ってもらいたい」ともいいました。心理判定員である遠藤にとって、判断は容易なことでしたが、冷静に〝自分を知る努力〟に感嘆したのです。「福祉に携わる人は、情熱家が多いけれど、岡崎先生は、〝諦〟の人でした。決して諦めるのではなく、ハッキリさせる、明らかにする。これに徹し切っておられました」と語ります。

近江学園の一七年、続くびわこ学園で二二年の間に、亡くなった重度心身障害児者は七〇名を越えます。「障害があり、それが重い故にぎりぎりの努力の果てに言葉にならない思いを残して、場と状況こそ違え、戦場でみた兵士たちの死と同質のものように思える。残った私がどれだけ背負えたか、又今後背負いえるのか自信はない。このことを考えるともう一度初心にかえり、四〇年前に託された思いを、改めて背負い直す覚悟がいるようです」という岡崎は、毎年お盆には亡くなった入所者の霊前に供花を贈り続けていました。

新しいびわこ学園を見ることなく

昭和六二年（一九八七）六月十一日、岡崎は搬送先の滋賀県立成人病センターで息を引き取ります。

昭和六一年（一九八六）十二月にはびわこ学園将来構想を実現するために、第一びわこ学園の移転新築準備室が開設されていました。また、昭和六二年度の県予算には「第一びわこ学園移転整備費」が計上されました。さらに、これを機会に「いのち」を考え、琵琶湖をみんなの手で囲もうと「抱きしめてＢＩＷＡＫＯ」の企画が動き出し、五月にはそれを報道発表したばかりでした。

「ふつうの生活を社会の中で」は、びわこ学園将来構想のスローガンです。平成三

平成三年（一九九一）草津市笠山に完成した第一びわこ学園

年（一九九一）、第一びわこ学園は、草津市に、平成一六年（二〇〇四）三月には第二びわこ学園が同じ野洲町内に新築移転しました。

びわこ学園の将来構想は、日本の重症心身障害児者福祉の将来構想であるともいえます。それは、岡崎の意志を受け継ぐスタッフによって着実に実現し、さらに広がりと深みを加えようとしています。

〈出典・参考図書〉
○岡崎英彦『障害児と共に三十年―施設の医師として―』医療図書出版社　一九七八年
○岡崎英彦著作集刊行会『人と仕事　岡崎英彦追想集』医療図書出版社　一九八九年
○岡崎英彦著作集刊行会『岡崎英彦著作集』医療図書出版社　一九九〇年

平成一六年（二〇〇四）野洲町に新築された第二びわこ学園

COLUMN
❽

新しい第二びわこ学園完成

「この子らを世の光に」。正面玄関には、障害者福祉に生涯をささげた故糸賀一雄さんの言葉が石に刻んでありました。3月24日に竣工式を迎える重症心身障害児（者）施設「第2びわこ学園」（野洲町北桜）を訪ねました。

66年、野洲町南桜に開設されましたが、施設が老朽化したため、移転することになったのです。企画研究部長の江口和憲さん（52）が3万8000平方メートルの敷地にある新しい学園をゆっくりと案内してくれました。

江口さんは熊本県水俣市出身。水俣病を告発する映画の上映運動をする中で学園と出会い、75年から職員として働いています。今、学園を舞台としたドキュメンタリー映画「わたしの季節」の撮影が進んでいますが、学生時代から一緒に水俣病患者の支援運動を続けてきた映画監督の小林茂さん（49）にかけた電話から映画づくりの物語が始まりました。「40年間、生きたことを残してほしい」

開設時に入所した人は今、40～50歳になりました。125人の入所者の多くが40年近くこの施設で暮らしています。その多くの時間を共に過ごしてきた江口さんは、入所者や親、職員たちの思いを映像に焼き付けてほしいと願ったのです。

新しい学園は近江富士花緑公園に隣接し、すぐ目の前には近江富士がそびえ立っていました。建物は平屋で、光がいっぱい入ってくるよう工夫されています。障害を抱えた人の目線を大切にしようと、生活療育など部会ごとに設計者と話し合いを続けてきました。できる限りプライバシーに配慮するとともに、窓の位置ひとつにもこまやかな気配りがありました。

親子で一緒に寝泊りできる自立訓練宿泊棟や地域交流スペースも設けました。地域の共同作業所が作るパンなどを販売したり、地域の人たちと共同でさまざまな展覧会を開きたいそうです。地域の人たちとつながっていきたい。入所者たちの願いです。

実際の入所は3月1日からです。新しい学園が新しい歴史を刻み始めます。入所者の流れる日常を記録した「わたしの季節」は2004年夏に完成する予定です。

（毎日新聞 平成16年2月8日
滋賀版［支局長からの手紙］塩田敏夫・大津支局長）

第二章　住民が主人公——夢の実現

わが幸は　わが手で

守田厚子

◆もりた　あつこ

明治35年（1902）山形県生まれ。大正８年（1919）熊本県立第一高等女学校卒業後、結婚。第２次世界大戦で夫と２人の息子が戦死。戦争未亡人の生活の安定を求めて、大津市未亡人会の設立にはじまり、全国未亡人団体協議会会長として、母子福祉の法制定など生涯に亘り母子家庭の福祉の充実に尽力。

全国に先駆けて「大津市未亡人会」を結成した守田は、卓越した見識と行動力によって、母子福祉の向上と就労の場の確保など母子家庭の生活の安定のために尽力し、「わが幸は　わが手で」を合い言葉に、半世紀にわたって一直線に進んできました。

敗戦国日本の戦後 ～夫と二人の息子を亡くして～

昭和二〇年（一九四五）八月、日本は第二次世界大戦の敗戦国となりました。当時、琵琶湖のほとりでも、夫を亡くし、子どもを抱えて途方に暮れている母親たちが、大勢さまよっていました。戦争の悲惨さは言うまでもないことですが、残された母親たちにとって、夫や我が子を失った悲しみの深さ、そしてこれからの生活への不安は、とりわけ大きいものでした。

「良妻賢母となるための教育を施され、夫のため、子どものために尽くすことが務めと教えられてきた女性が、ある日突然、夫を失ったときの思いは現代の女性たちの想像を絶するものがありました。実際に当時は、子どもを道連れに自ら命を絶った例もたくさんありました」と、語る守田自身も、軍人の夫と二人の息子を戦争で亡くしています。

戦後から今日に至るまで、母子家庭の生活の安定のために、まさに命がけの人生を歩んできた守田は、明治三五年（一九〇二）に山形県で生まれ、その後熊本県で育ち、軍人の苓亮《れいすけ》と結婚してからは、夫の任地先を転々とし、滋賀県大津市にやってきました。

軍人である父・木庭堅盤《こばかきは》の厳格な家庭で育ち、女学校卒業と同時に軍人の妻となった守田にとって、夫の戦死は常に覚悟していたと言います。

また、守田が二歳の時に父が日露戦争※で戦死し、自らも母子家庭で育ちましたが、その後の熊本での生活は、戦勝国の将校の遺族として何かにつけて優遇され、質素ではあったものの、生活に困ることはありませんでした。しかし、四〇年後、自分が戦争未亡人となった時には、敗戦国がゆえの厳しい生活が待っていました。

朝鮮半島での逃避行の中で芽生えた守田の使命感

昭和一九年(一九四四)、その頃守田は夫の任地先となった清津《せいしん》(現在の北朝鮮北東部にある都市)に長女を連れて同行し、その官舎で暮らしていました。

昭和二〇年八月一二日、ソ連軍の侵攻が間近に迫り、急な避難命令が出されました。その日は守田の誕生日でした。その年の四月に戦死した三男の遺骨を届けにや

●日露戦争

明治三七年(一九〇四)から翌年にかけて、満州・朝鮮の支配をめぐって戦われた日本とロシアの戦争。日本軍は日本海海戦などで勝利を収めたが軍事的・財政的に限界に達し、ロシアでは革命運動の激化などで早期の戦争終結を望み、アメリカ大統領ルーズベルトの仲介のもと明治三八年(一九〇五)ポーツマスで講和条約を締結した。

ってきた次男と、海軍の休暇を利用して来ていた長男、そして長女を含む家族五人が偶然にも異国でそろい、赤飯を炊いてささやかに誕生日を祝っていたのです。戦地でのつかの間の団らんが、夫と次男との今生の別れになるのでした。

翌日、守田は一時避難という軽い気持ちで、身の周りの物も持たずに着の身着のまま、長女や数百人の日本人とともに清津を脱出しました。しかし再び官舎に戻ることはできず、その日から長く厳しい朝鮮半島での逃避行が始まります。

清津を発った次の日、夫はソ連軍に狙撃され、次男は攻め入る敵軍を防ぐために爆薬を抱え、敵の機関車を爆破して果てました。清津を出るとき「お母さん、太郎兄さんがいてくれるから心配ないですよ」といった言葉が、次男から守田への最期の言葉となりました。

夫や次男の戦死の知らせは、大勢の日本人とともに朝鮮半島の山野をさまよっていた八月の末に、守田に届きました。

この訃報を聞いたときの守田は「これで最初になくなった三男も、父や兄と会えて喜んでいるだろう。にぎやかになっただろう」という思いが先にたったといいます。そして、同行の人たちの気力を削いではならないと、娘にも口止めして周囲には漏らしませんでした。それほど、朝鮮半島での逃避行は辛く悲惨なものになっていました。

逃避行では、平時には考えもおよばない出来事が連続して襲いかかってきます。歩いている道もこれでいいのか悪いのかわからずに磁石の針のみが頼りでした。冬が近づき、寒さが厳しくなってくると野宿が身体にこたえ、大人たちも疲れ果てて自分の連れている子どもを気づかう余裕も気力もなくなっていました。そんな中、子どもたちは寂しくもあり、疲れきってもいたので「早くお家へ帰ろうよ」と泣くのです。全員が極度の緊張感から神経が耐えられなくなっていました。丸太一本の橋を渡るために自分の子どもを川に突き落としてしまったり、おぶっていた赤ん坊が息を引き取ると「軽くなってよかったですね」と平常ならとても言えないことを平気で言ってしまうような、人間として極限の状態でした。

このような中で、守田が最後まで生き抜く力を持ち続けられたのは、「亡き夫に代わって部下の方たちのご家族を指揮先導して、無事に日本に送り届けなければ」という強い使命感があったからこそでした。死と向かいあった一〇か月の間、守田は将校の妻として、気丈に避難する人々を励まし、慰め合い、ともに日本に帰還することを願って、寝る暇もなく指図してきました。

敗戦後の昭和二一年（一九四六）六月、ようやく九州の博多港にたどり着きました。守田は生きて帰れたことを心の底から喜びながら、「人間は、極限の状態に置かれたとき、いかに弱いものかを知った。この経験で、私はどんなことがあっても生き抜く強い意志と、人間としての誇りを持つことの大切さを思い知った」と語っています。

戦争未亡人会の組織化へ

大津に戻った守田は、ただちに遺族会の一員として、活動を始めました。遺族会の活動の中心は、戦争で夫や息子などを亡くして生活の道を閉ざされた人々の相談が中心でした。守田も戦争未亡人ではありましたが、幸いにも長男が公務員として再就職し、日々の暮らしには不自由していなかったことから、人々の相談に乗るようになっていました。

戦後の混乱の中で、一番悲惨な生活をしていたのは、夫を亡くして子どもを抱えた女性でした。一家の柱を突然失い、これと言って手に職もなかった戦争未亡人は、味方になってくれる人は誰もいません。途方に暮れて、今日食べることにも事欠くありさまでした。

ある日、幼い子の手をひいた若いお母さんが、守田のもとにやってきて「毎日の生活にも困っています。いっそ死んでしまいたい」と、泣きながら窮状を訴えました。その母親の傍らで、状況がよくわからない幼な子の不安げな瞳を見た守田は「父親を奪われ、国の犠牲となったこの子たちを、私たちが立派に育て上げなければ」と強く思ったのです。

このような立場におかれた女性のための会として、守田は未亡人会の結成を決意します。子どもたちの幸せのためには、まずお母さんたちが安心して暮らせることが、どうしても必要なことだと考えたからです。また、子どもを抱えた女性が今日一日を過ごすことさえできないという、「この事態だけは何とかしなくてはならない」との守田の熱い思いでした。

守田は子どもの頃から決断が早く、思い悩むということがありませんでした。善いことだと思えば迷うことなく進む守田は、すぐさま「未亡人の会をつくりましょう」と同じ境遇の女性たちに、声をかけ始めました。

遺族会の幹部は女性だけで組織することには猛反対でした。当時すでに「生活保護法」※が施行されていたので「困っているのなら生活保護を受ければいいではないか」という人もいました。しかし守田は、国のために夫を亡くしたのだから、生活保護とは別に、国が戦争未亡人の補償をする制度が必要だと思っていました。守田は、ただ「お金をください」というのではなく、生活のため、向学心のある子どもたちのために必要なお金を貸してほしい、という考え方でした。

昭和二三年（一九四八）八月、全国に先駆けて「大津市未亡人会」が結成されました。その後守田は、全県組織を作るために、来る日も来る日も県内の市町村を精力的に回り、わずか一年で「滋賀県未亡人連絡協議会（翌年の一月「滋賀県未亡人連合会」と改称）」という、県下の戦争未亡人が結集する大きな組織ができ上がりました。

●生活保護法
昭和二五年（一九五〇）施行。日本国憲法の理念に基づき、国が生活に困窮するすべての国民に対し、必要な保護を行い、最低限度の生活を保護するとともに、その自立を助長することを目的とする法律。

未亡人会は誰から言われてできたものではなく、自分たちが生きていくために、子どもを育てるために、同じ境遇の者同士が誘い合って、力をあわせて始められた会なのです。その思いが会報の中で語られています。

世の荒波にもまれながらも、ただ一筋に子を守り育て、雄々しく生きてゆく未亡人の姿にも似て、雪の中から馥郁《ふくいく》と梅の花が香っております。県下三万人未亡人の盛り上がる熱願によりまして、昨年秋、本会が結成されましてから約四か月、皆様の懸命のご努力と、関係方面のご同情とご支援によりまして、歩一歩堅実なる歩みを進めつつありますことは、誠に喜ばしいことでございます。

夫がいて一万円稼いでくる家庭の主婦でさえ、今は無事に月を越すことが辛い時勢を、女の細腕一つで稼ぎ出したささやかな収入によって、子どもの二、三人も養っている、というのが未亡人家庭の一応の標準と思われます。未亡人の生活は、どんなにか苦しいことだろう！　と、そこまでは誰でも考えます。

しかし、その気の毒な人々のために、自分は何をしなければならないかということになると、大ていの人は口をつぐみ、尻ごみしてしまう。つまり、これが「未亡人問題」に対する今日の同情の限界、能力の限界であるわけでありま す。そこのところを、私どもはよくよく見きわめてかからなければならないと 思います。かわいそうだと思っても、何もしてくれる世間ではありません。

人に頼って、「自分たちが幸福になる日」を座してつつましく待つとすれば、 それまでに多くの未亡人は転落してしまうか、子と共に餓死してしまうかでし ょう。

そのどちらにもならずに、正しく立派に生きのびていくためには、地域地域 の未亡人がしっかりと腕を組んで、自らの力によって自らの基本的人権を、闘 いとっていかなくてはならないのであります。

子を抱える一人ひとりの細腕をつなぎ合わせて、自らの基本的人権を要求す る以外に、未亡人が今の暮らし難い、冷酷な世間に打ち勝ってゆく道は絶対に ないのであります。このことを、世の多くの未亡人がはっきりと自覚して活発 に活動を起こすとき、もはや未亡人は転落する必要も餓死する恐れもなく、淋 しいながらも母と子が楽しく働いて、安心して生きていける道が拓けてくるの であります。

本運動の主旨をもう一度よくかみしめて、強く、正しくそして明るい顔で明日を待とうではありませんか。

（滋賀県未亡人連合会　会報「母子草」創刊号における

守田の「発刊のことば」　昭和二五年三月一日発行）

全国未亡人会協議会の結成

昭和二五年（一九五〇）三月、東京渋谷で「全国未亡人代表者会議」が開催されます。この会議は、同胞援護会・日本社会事業協会・日本遺族厚生連盟など七団体で構成する「母子福祉対策中央協議会」が主催したもので、守田は滋賀県の代表として、副会長の田村朝とともに参加していました。

この代表者会議は、それまでに未亡人会を結成していた各都道府県から二名ずつ、約二百名の代表が二泊三日の日程で参加し、国会議員と面会して窮状を訴えるものでした。同時に、未亡人こそが戦争の悲惨さ、残酷さを痛感しているということから、二度と戦争が起きないよう永久平和を祈念する会議でもありました。

そして全国組織を結成するために、当時は団体を作るにはGHQ※の許可が必要でしたので、守田を含む代表八名で、GHQの公衆衛生福祉部に行きました。その時、GHQの担当官に「あなた方は戦争未亡人のことばかり訴えているが、外地で被災し引き揚げてきた母子、その他の理由で夫を亡くした未亡人たちの窮状を考えたことはあるか」と言われたことから、戦争未亡人だけでなく一般の未亡人も参加できる組織として「※全国未亡人団体協議会（全未協）」が昭和二五年（一九五〇）一一月に発足し、守田は副会長に就任しました。結成の日に全未協は、五つの要望を決議しました。

一、母子福祉年金の支給
二、母子家庭のための住宅の確保
三、子どもの教育費の支給
四、母親の働く場
五、新聞、雑誌などの報道機関は、未亡人問題を慎重に取り扱う

こうして全国の未亡人が固く結束して、母子家庭のためのひた向きな運動が始まりました。

●ＧＨＱ
General Headquarters　第二次大戦後、連合国軍が日本占領中に設置した総司令部。昭和二七年（一九五二）講和条約発効により廃止。

●全国未亡人団体協議会
昭和二五年（一九五〇）、戦後の混乱と窮乏の中で精神的にも経済的にも極めて困難な状態に置かれていた母子家庭の福祉の向上と生活の安定を目的として発足。

未亡人！　夫が死んだとき共に死ぬべかりしを、未だ亡くならない人、これが私どもに冠せられた名称。

話は少し古いが、一昨年三月全国未亡人代表者会議で「未亡人」という名称が問題になったことがあった。ところが代表者たちは一斉に「名前など何でも結構、それより未亡人に社会的にも経済的にも、自由と幸福を保障することこそ先決問題である」として、名よりも実をとることを強く叫んだのであった。

終戦後七年、未亡人たちはどんなに辛い思いで生きてきたことか、手放しで甘えられたのは夫いませし日の楽しい夢。冷たい世間の仕打ちに堪えかねて母子相抱いて死を思うたことも幾度…。

しかも今未亡人たちは立派に立ち上がった。苦しみの中から得た自信。

封建的圧力に打ちひしがれて悶え泣いた、未亡人の自覚と団結こそは真に婦人を解放し、そのときこそ「未亡人」の名称も消えてなくなるであろう。

すべての婦人が、未亡人運動を自分たちの前衛隊として支援していただきたいと思う。


（会報「母子草」より「偶感」　昭和二七年三月一五日発行）

スポーツ大会のスナップ

守田は後に「行政にお願いする前にまず自分たちでできることはする。まず自立するのが私たちの考え方。足りない所は行政が十分補ってくれた」と語っていますが、確かに守田をはじめ会員たちの活動は間違いなく「わが幸」を「わが手で」掴んでいきます。

資金づくりに奔走～自立への努力～

大津市未亡人会を結成した昭和二三年（一九四八）、遺族会婦人部では、資金作りの道を模索し、手始めに下駄の製造を始めます。有志で資金を出し合って製材工場を買い、下駄を作って売ろうとしました。

資金づくりに必死な守田は、祭りで賑わう社寺などで下駄を許可なく販売して露天商の人から怒鳴られることもありました。しかし、そこで引き下がることなく、資金づくりの趣旨を熱く説明し、きちんと許可をもらう守田でしたが、商いにはルールがあると初めて知ったのでした。初めての経験に戸惑いながらも、会の自活のために、守田は仕事があればどんなことでも引き受けました。それでも会の台所はずっと火の車の連続でした。

悪戦苦闘が続いていた時、思いがけないチャンスがやってきました。それは、大※津市競輪場ができるという情報でした。守田は、競輪場内で出店できないかと考え、すぐに大津市役所へ出掛けて行きました。

競輪場を管理運営していたのは大津市の事業課です。

守田は課長に会って「私たちの会にも、場内でお店をやらせてください」と申し出ました。

しかし「事情はよくわかりました。皆さんのお気持ちも理解できます。しかし、皆さんのような団体が出店した例はありませんし、もう業者はほとんど決まっているのです。申し訳ないのですが、無理です」という返事でした。

しかし守田は引き下がりませんでした。初めから無理を承知でのお願いです。守田は一生懸命、延々五時間にわたって課長を説得し続けました。「傍目には、まるで喧嘩をしているように見えたでしょう」と守田は思い返して語っています。ついに課長は、守田の勢いに感服し、競輪場への出店が認められました。

●**大津市競輪場**
現、大津びわこ競輪場。

ようやく許可された食堂「白菊」は、簡便な土間にテーブルを並べただけの五坪にも満たないものでした。資金がないので、材料は会員の家から持ち寄って開店に備えました。競輪場には、全部で二八軒が出店していました。周りはみんな、実績のある業者ばかりです。まったくの素人の未亡人たちにとっては、「いらっしゃい」という呼び込みも、緊張してとても声になりませんでした。

何度も練習して声が出るようになると、次第にお客が入り始め、店はとても繁盛しました。当時一本一〇円の牛乳が毎日飛ぶように売れ、帳場※に置いた石油缶に、一〇円札※をわしづかみにして押し込むという状況でした。ようやく、資金づくりに弾みがついてきました。

しかし、周囲の商売人たちとのトラブルは絶えませんでした。材料を盗んだなどと言いがかりをつけられたり、販売価格についての苦情など、連日のように騒動は起こりましたが、この店での会の資金づくりに張り切っていた守田は、いつも負けずに対応して切り抜けていました。

あるとき場内の配置換えをすることになり、いい場所の争奪戦が始まりました。守田たちの店は良い場所にあったので移転を拒否していたのですが、油断している

●帳場
商店で、帳付けや勘定などをする所。

●一〇円札
一〇円硬貨の登場以前は、国会議事堂が描かれた一〇円札が流通していた。

と、夜中に他の業者が備品を運び込んで占領しようとしました。毎日のように争奪戦は繰り返され、ついに守田は「場内のお店を取り仕切っている親分さんに話に行こう」と直談判に踏み切ります。

何とかしたいという一心で「私たちはこのお仕事で大勢の未亡人を助けたい。このお店を続けなければ生活ができないのです」と心から訴える守田に、元締めはすんなりと理解を示してくれました。

後で周りの人に「よく行ったものだね」と驚かれ、守田も「一途な気持ちで突進しただけ、怖いもの知らずでした。今ならとてもできません」と当時を振り返っています。

「白菊」の発展

真剣に取り組んだ「白菊」の実績が認められ、昭和二七年（一九五二）には、びわこ競艇場内に売店「白菊」を、そして昭和三一年（一九五六）には、旧大津市役所内での食堂を任されるようになりました。守田も一生懸命働いて、仕事の合間を縫って調理師免許を取るなど、積極的に活動していました。

しかし、客層が幅広くなってくるとさまざまな要望が出始め、市役所が現在の皇《おう》子山《じやま》地区に移転する際に、「洋食も出せるレストランに改装したいので立ち退いてほしい」と言われました。もちろん守田は権利を主張しましたが、店を続けたいのならこちらも先方の要望に応えようと、すぐに動きました。

会員の息子であり、レストランでコックをしている青年に来てもらったことから洋食の料理も出せるようになり、本格的レストランとなった「白菊」は昭和四二年（一九六七）、市役所の移転後も食堂を引き続き任されました。このことで守田は「もう戦争未亡人の店ということで客の来る時代ではない、長く続かせるにはプロとしてやっていける陣容を整えなければ」と気づいたと言います。

その後、県立図書館、ＪＲ大津駅、県立びわ湖こどもの国、県立長寿社会福祉センターなど県下一九の民間・公共施設内で、母子家庭の人々やプロの料理人が安心して働ける食堂が広がっています。

待望の憩いの家「のぞみ荘」

昭和三二年（一九五七）、コツコツ蓄えた事業収入と募金を元に※「滋賀県母子福祉センターのぞみ荘」が大津市松本町に完成し、念願だった未亡人会の我が家ができました。

「戦後すぐの頃に、頼る所とてない未亡人たちが生きていくことができたのは、共に語り、共に泣くことのできる場があったから」と言う守田たちにとって、未亡人会の事務所は、心の拠り所、生きていくための勇気を得る場でもありました。

自立の精神「わが幸は、わが手で」と、未亡人会が自分たちの力で家を建てたことは日本初の快挙でした。

昭和四五年（一九七〇）、現在の大津市におの浜へ移転するのですが、このときは会の活動を高く評価した大津市から、助成金や市有地の便宜などの大きな支援がありました。

さらに平成五年（一九九三）には老朽化した「のぞみ荘」の増改築が完了し、地上四階建て、宿泊室、研修室、結婚式場、浴場、エレベーター、レストランなども

昭和三二年（一九五七）に建った念願の未亡人会の我が家

昭和四五年（一九七〇）におの浜に新築移転

備わった立派な施設に生まれ変わりました。

このときの竣工記念式典には、当時の稲葉稔滋賀県知事をはじめとする県の幹部職員や市町村長なども集まり、守田は「のぞみ荘の改築にあたっては、県や各市町村からも支援をして頂きました。お陰で全国でも有数の施設になり、母子福祉先進県である滋賀県の象徴として誇るに足るものになりました」とみんなで一緒に喜びを分かち合ったといいます。

ただし、たとえどんなに立派な建物になっても、「のぞみ荘」はあくまでも母親たちのための心のオアシスであることに変わりはなく、懸命に日々頑張っているお母さん方の心の支えとなることを守田は願っています。

母子福祉制度の制定に向かって～七色の虹～

昭和二五年（一九五〇）の全未協発足と同時に、守田は「日々の生活に苦労している未亡人の救済のためにお金を貸してほしい。そのための制度をつくってほしい」とさっそく国会に直訴嘆願に行きます。

●滋賀県母子福祉センターのぞみ荘

社会福祉法人滋賀県母子福祉のぞみ会が設立、運営。母子・寡婦家庭だけでなく一般客の休養とレクリエーションのための施設。

平成五年に増改築された「のぞみ荘」

しかし、当時の大蔵省の役人は「お金のない未亡人にお金を貸して、返せるのですか。そういうことはできません」となかなか取り合おうとしませんでした。守田は「私たちは一生懸命働いて必ず返します。私たちが経済的に及ばないところを制度で補ってほしいのです。借りていない人も借りた人と一緒になって返済の手伝いをします」と何日も何時間も、ときには夜の雨の中、首相官邸前で守田は陳情することもありました。

ようやく二年後の昭和二七年（一九五二）一二月、守田たちの熱い思いは国に通じ、待望の「母子福祉資金の貸付等に関する法律」が公布されました。社会的・経済的に立場が弱く、また精神的にも不安定な状態におかれている母子家庭に対して、国及び地方自治体が必要な措置を行うための国の制度です。

①「生業資金」
②「支度資金」
③「技能修得資金」
④「生活資金」
⑤「事業継続資金」

⑥「就学資金」
⑦「就業資金」という七種類の低利貸付金が定められました。
東京に集結していた守田たち全国各地の代表は、涙を流しながら手を取り合って喜び、これを「七色の虹」と呼びました。
（※現在はさらに充実し、一三種類の貸付金制度となっています。）

この法律の制定に伴って、これを適用するための相談機関として「母子福祉相談員制度」が各都道府県に設けられます。しかし相談員は男性が多くて母子家庭には相談しにくいという声もあり、守田たちはすぐに「私たちがお世話します」と全国で運動し、相談員の補佐をする女性「母子補導員（現在の母子推進員）」が昭和二九年（一九五四）に創設されました。

守田は「滋賀県の母子補導員は貸付金を借りた方の返済の手伝いもします。七色の虹はあくまでも貸付ですから、期限内に返還しなければなりません」と、法律制定を嘆願したときに役人に言った言葉を守る姿勢を見せています。以来、全未協は他の団体に比べて優秀な返還率を誇っています。とくに滋賀県では、「母子福祉貯※

●母子福祉貯蓄組合
組合での貯金を元に貸付金を返還する。

蓄組合」や「自立促進費」※などの配慮がなされ、返還率も全国一を続けるため、母子福祉の先進県といわれました。

母子福祉制度のさらなる充実

母子福祉資金貸付制度の施行から、守田たちの結束はますます強まり、運動はとどまることなく進められ、母子福祉のための各種制度が充実してきます。

昭和三四年（一九五九）「国民年金法」※の公布に伴って「母子年金（現 遺族基礎年金）」も設けられました。これは、母子家庭となった後に救済するというものではなく、急に母子家庭となってしまったとしても生活の不安がないようにしておくという事前の施策です。もちろん年金なので、掛け金を掛けていないと受け取れないものでした。

そこで、守田は「現に今、夫を亡くして母子家庭の状態にある方の窮乏を救うための福祉年金制度も作ってほしい」と要求し、昭和三四年、「母子（寡婦）年金」と同時に「母子福祉年金」※も制定されました。

●自立促進費
期日までに返した人に対して、貸付金につく利子相当分を支給する。

●国民年金法
昭和三四年（一九五九）制定。すべての国民を対象とし、その老齢・障害・死亡に関して給付を行う国民年金制度を定めた法律。

●母子福祉年金
(1)一定の期間、一定の保険料を納付することを要件とする拠出制母子年金と、(2)保険料納付を困難とする低所得者を対象とする母子福祉年金と、(3)現に母子家庭の状態にあるために生活の安定を欠いている者を対象とする母子福祉年金、とを内容としているが、前二者は昭和三六年（一九六一）年四月から、後者は三四年（一九五九）一一月から実施された。

しかし、これは離婚による母子家庭が対象にならないものでした。子どもを抱えて生きていく苦労は死別でも生別でも同じであると全未協は運動しました。その結果、昭和三六年（一九六一）に「※児童扶養手当制度」が制定され、生別によって生じた母子家庭を救済する制度ができました。

その後、これらの母子福祉施策が一本化され、昭和三九年（一九六四）「※母子福祉法」となって公布され、会の願いは一応達成されましたが、一つ問題が起こりました。この法律は一八歳未満の子を持つ母親のみが対象でしたが、この頃になると一緒に活動してきた会員も高齢になり、その子どもたちも成人に達してきていたのです。守田は「同じ会の中に法律に守られる者と守られない者がいるなんて、会の運営上、非常に困る」とさらなる運動を始めました。もともと法制度の創設や改正というものは、簡単なことではありません。それでも国会や県議会への陳情、全国的な署名運動など、守田たちは常に体ごとぶつかっていきました。

こんな話があります。戦後、住まいを建て直したり新築などの力は母子家庭にはとてもありませんでした。そこで「せめて雨漏りを防ぐだけのお金が借りたい」と

●児童扶養手当制度

母子家庭が自立した生活を送ることを支援するため、子育て支援、就労支援、養育費の確保策など総合的な施策の展開が進められているが、その一環として児童扶養手当制度も平成一四年（二〇〇二）に改正された。

●母子福祉法

母子及び寡婦福祉法。平成一五年（二〇〇三）の改正で、母子家庭の自立を促進するための方策として、①子育て・生活支援、②就業支援、③養育費の確保、④経済的支援の四つの柱が設けられた。

国に頼みに行きました。しかし役人から「雨はどこにでも降る。未亡人の家にだけ降るのではない」と言われました。すかさず「その通りです。雨が未亡人の家をよけて降らないのであれば、せめて雨漏りを直してくれる夫のいない分を国で補ってもらえませんか」と母子家庭の切迫した思いを必死に伝えました。この要望がやがて住宅補修資金制度（現在の住宅資金）として制度化されます。

そんな守田たちの熱心な運動の甲斐あって、昭和四三年（一九六八）「寡婦福祉資金貸付制度」[※]が新設されます。この制度は四〇歳以上の寡婦（生別含む）と、二〇歳以上で独立していない子どもの家庭が対象です。そして母子福祉法は、昭和五六（一九八一）年「母子及び寡婦福祉法」と改正されましたが、守田は「老人福祉法と母子福祉法の間で、日の当たらない寡婦がまだいます。まだまだ施策は必要です」と、歩みを止めません。

守田と朝鮮半島で逃避行を共にした長女は、結婚して九州に移り住んだため、守田に「お母さん、九州に来て一緒に住んでください」と言ったこともありましたが、歩みを止めることなく、精魂を込めて活動している守田の姿を見て「私一人のお母さんではない。滋賀県の母子家庭のお母さんとして、いいえ、今は日本中のお母さ

●**寡婦福祉資金貸付制度**
寡婦の経済的自立の助成と生活意欲の助長を図るため、資金を貸付ける制度。

んとして頑張っていらっしゃるのだから諦めます」と言ったそうです。

今も生きる守田の一途な思い ～愛しき子等のために～

守田が著書で「子どもによって生かされてきた、この生命」と述べているとおり、母子福祉のために取り組んできたのは、国の将来を担う大切な子どもを、母子家庭となっても健全に育て上げるため、つまりはひたすら「子どものため」でした。

現在、守田の情熱は父子家庭に対しても向けられています。「子どものため」に、守田は毎晩、「明日はこれをしよう、あれをしよう」と考えながら眠りについていいます。そして社会情勢の変化に対応した法整備などの必要な支援など良い考えが浮ぶと、枕元のメモ用紙に書き留め、直ちに行動を起こしてきました。

守田とともに、母子福祉の道を歩み、のぞみ会の事務局長を務めた宮本恵美子は、「思いやりのある人で、いつも、自分の考えを曲げない人です。そして、いつも、相手の立場で考える人です」と、守田を評します。

では、母子福祉行政を担当する厚生省の高木俊明の目に、守田の姿はどう映ったでしょうか。

私が守田厚子さんに初めてお会いしたのは、今年（平成七年）の九月、金沢で行われた全国母子寡婦指導者研修大会においてである。戦後の母子寡婦団体の基礎を築き、常に活動をリードしてこられた女性とはどんな方であろうと、私の好奇心はいやが上にも高まっていた。

守田さんは凛《りん》とした着物姿で壇上に立ち、明瞭な声で滑らかに話を始められた。その時の会場は、私語ひとつなく、何百という人々の目が全国母子寡婦福祉団体協議会の守田会長を一心に見つめていたのが、傍らに座していた私にわかった。

「母子福祉法の成立を陳情して、雨の中、官邸の前に佇んだ日々…」。守田さんはよどみなく語り、人々はじっと聴く。終戦直後に母子家庭の窮状を見て、いたたまれずに活動を開始し、昭和四二年から会長を務める守田さんは、母子寡婦対策の戦後史におけるひとつひとつの業績に関わりがあったのだ。私は得心し、敬愛あふれる思いで、そのリーダーの麗姿を拝見していたのである。

社会福祉法人滋賀県母子福祉のぞみ会結成五〇周年を記念して平成一一年（一九九九）に建立された守田厚子を顕彰する「寿像」。「私たちのお母さん」と親しまれ愛されることを念じ、山田良定氏が彫像。

壇を下りると、守田さんは、非常に話のわかる、明るいお人であった。九三歳（平成七年当時）の今も、福祉の実践には決して歩を止めない。最近では、高齢寡婦の問題、また、新たに父子家庭の問題があると語り、昨日より今日のこと、今日より明日のことと、思いを駆けめぐらせておられる。児童福祉行政を与かる者として、終始激励されているような気持ちであった。（中略）
　戦後を通して、母子寡婦団体の活動を世に知らしめ、自らも食堂経営のきりもりをしながら自立した女性であり続けた守田さんの、その姿こそが多くの母子家庭のお母さんの目標になってきたと私は信じる。『生きてきた道』は、守田さん御自身の如く、多くの女性の目標となるであろう。
（守田厚子著『生きてきた道』「発刊によせて」より）

　戦後の混乱の中で生きることすら見失っていた人々の中で、誰から言われた訳でもなく、「子どものために」と立ち上がって絶え間なく運動し続けてきた彼女の生き方に多くの賛辞が集まります。守田は母親に「目は美しいものを見よ、口は正しいことを伝えよ、手は人のために使えよ」と教えられたと言います。そして「自分を必要とする人がいる限り、この言葉を胸に、生ある限り輝いて生きていきたい」

と、語っています。

〈出典・参考図書〉

○守田厚子『生きてきた道―母子福祉ひとすじに歩んだ女の人生―』ぎょうせい　一九九五年

○社会福祉法人滋賀県母子福祉のぞみ会編『結成五〇周年記念「歩み」』二〇〇〇年

地域で福祉を創る

長尾寿賀夫◆ながお　すがお

大正３年（1914）岡山県生まれ。昭和15年（1940）立命館大学を退学後旧満州国に勤務。昭和20年（1945）旧ソ連に抑留、昭和29年（1954）滋賀県社会福祉協議会に就職後、社協活動に独自の展開を図る。退職後、昭和49年（1974）年「風の子保育園」を開設、地域社会で拡がりのある保育を実践

長尾寿賀夫は、戦後、社会福祉協議会の創成期から、滋賀県社会福祉協議会に籍を置き、学区などの小地域を単位とした地域福祉活動の推進に邁進します。舞台を風の子保育園に移しても、「囲いのない保育」という理念を実践する中で、保育園という施設から地域福祉活動を発信し続けます。

保育にロマンあり

滋賀県大津市唐崎《からさき》学区。その名は「万葉集」にも見え、中世から琵琶湖を望む景勝地の一つに数えられてきた地域です。昭和四九年（一九七四）、国鉄（現ＪＲ）湖西線※の開通以来、京阪神との交通が便利になり、戦時中の海軍飛行場跡地にできた新興住宅地には、サラリーマンを中心とした転入所帯が増加しました。この地域に「風の子保育園」が誕生したのも湖西線開通直前でした。

長尾は、日本に社会福祉協議会が創設されて間もない時期に、滋賀県社会福祉協議会に勤め、市町村社会福祉協議会の育成をはじめ、多くの地域福祉活動を手がけてきました。そして滋賀県社会福祉協議会を退職後に「風の子保育園」を開設しました。

平成一一年（一九九九）の創立二五年を契機に園長を退いた長尾は『風の子保育園創立二五周年記念誌』の巻頭エッセイで、「保育にロマンあり」と題した文を掲載しています。

●湖西線
山科駅と近江塩津駅を結ぶ。北陸－関西の所要時間短縮と東海道本線米原－京都間の交通量を緩和する目的で、北陸－関西を結ぶ短絡線として建設された。

子どもには未来がある。いまは生きるに難しい時代であるが、子育てをする両親にはそれを切り開くロマンがある。

私は六〇年近く社会福祉に携わってきた。この長い職業生活の最後が保育現場であったことは幸せであったと思う。

風の子は子育て支援や障害児のためのネットワーク運動など、巾広い活動を行っている。いずれも単なるサービスにとどまらず、幸せな社会づくりの基礎となる福祉の心や、人権に対する理解を草の根から高めたいという願いによるものである。

それは社会福祉施設の倫理的課題でもある。決して容易な業ではないが、そこには福祉文化の創造というよろこびがある。地域の多くの支持者とともに歩みたい。

社会事業から社会福祉へ

長尾は大正三年（一九一四）、岡山県に生まれ、昭和九年（一九三四）に立命館大学に入学しましたが、学業半ばで岡山歩兵第十連隊に入隊し、昭和一二年（一九三七）中国戦線に従軍します。その後、復学しますが、戦時色が濃くなった昭和一五年（一九四〇）に、学業を断念して旧満州国※（現 中国東北部）に渡り、その役人となります。ここで社会事業を担当していた経験が、後の人生に大きな影響を与えます。

昭和二〇年（一九四五）の敗戦でソ連に抑留され、昭和二二年（一九四七）に帰還します。帰国した長尾を待っていたのは、仕事探しでした。

「正直言って、何をしようかと悩みましたが、高専以上の学歴があれば、中学校の先生として勤務ができると聞いて、教育委員会に行きました。すると幸いにも空席がありました。」

しかし、満州国で社会事業行政の経験のあった長尾は、できれば社会事業の仕事をしたいと思っていました。そんな時、滋賀軍政部で社会事業を担当する者を探しているという新たな情報を得て、昭和二三年（一九四八）三月、軍政部社会福祉課に就職が決まりました。軍政部では、生活保護、民生委員、国民健康保険を担当します。そして、滋賀県内の市町村の厚生に関する調査などを行っていました。

●満州国
日本が満州事変により、中国の東北三省および東部内蒙古（熱河省）をもって一九三二年、もと清（しん）の宣統帝であった溥儀を執政として建国、一九三四年に溥儀が皇帝に即位。首都は新京（長春）。一九四五年に日本の敗戦に伴い消滅する。

長尾は軍政部時代を振り返り、次のように語ります。

「軍政部という米軍の指導のもとに働くことは、かつて満州国で経験した植民地の行政官とは立場が逆転し辛い思いをしたが、生活困窮者に対する生活保護法やその運営が無差別平等の原則の下に、公平に行われることは新鮮だった。戦時中優遇されていた傷痍軍人とか遺家族の援護はすべて廃止され、困窮という事態のみをもって適用された。社会事業の近代化、専門化政策の推進は魅力があった。」

しかし、軍政部は廃止されます。職を失った長尾は、昭和二五年（一九五〇）に雑誌「社会福祉研究」を主宰し、これで生計を立てようとします。そこには近江学園を創設した糸賀一雄、同志社大学の竹中勝男教授が戦後における社会事業論を寄稿し、長尾自らは軍政部時代の経験を生かし、各地の情報や動きを紹介したり、市町村の役場で活躍している人物を紹介していました。

雑誌「社会福祉研究」は四回発行して廃刊となりましたが、この経験が、長尾が社会福祉協議会に就職するきっかけとなります。

社会福祉協議会の創成期から

昭和二六年（一九五一）三月「社会福祉事業法」※が制定され社会福祉協議会（以下、「社協」）がその中に位置づけられました。滋賀県においても、その制定から二日後の三月三一日に滋賀県民生委員連盟、滋賀県社会事業協会、滋賀県同胞援護会、滋賀県児童福祉協会、滋賀県授産協会が大同団結し、滋賀県社会福祉協議会（以下、「県社協」）が発足します。

長尾は社協に魅力を感じていました。「社会福祉協議会組織の基本要領」※で社協は、戦前にはなかった、地域の福祉を増進することを目的とした民間の自主的な組織とされ、日本の社会福祉の近代化をすすめるという大きな魅力を感じていたのです。

そうした時に、軍政部社会福祉課や雑誌「社会福祉研究」発行の経験を見込まれて、当時の県社協の中核であった調査研究部会で社協の機関紙の発行を手伝います。そして、昭和二九年（一九五四）五月、県社協に就職します。

しかし、このころの県社協は、発足する以前からの団体の事務がそのまま持ち込

●**社会福祉事業法**

昭和二六年（一九五一）三月に公布、六月に施行された社会福祉事業の全分野にわたる共通的基本事項を定め、社会福祉事業が公明・適正に行われることを目的とした法律。社会福祉事業の種類やその規制、監督、福祉事務所、社会福祉法人などについて定めている。第七四条に社会福祉協議会を「都道府県の区域を単位とし、左の各号に掲げる事業を行うことを目的とする団体であって、その区域内において社会福祉事業又は更生保護事業を経営する者の過半数が参加するものでなければならない」と規定された。市町村社協は、昭和五八年に法制化された。平成一二年（二〇〇〇）から、「社会福祉法」として改正され、その目的に福祉サービス利用者の利益の保護、地域福祉の推進が盛り込まれた。

●**社会福祉協議会組織の基本要領**

昭和二五年（一九五〇）に社会福祉協議会設立準備委員会が作成した、社協の基本的な構想を示したもの。この要領では社協を「一定の地域社会において、広く社会福祉事業の公私関係者や関心をもつものが集って、解決を要する社会福祉の問題について調査し、協議を行い、対策を立て、その実践に必要なあらゆる手段や機能を推進し以って社会福祉事業を発展せしめ、当該地域社会の福祉を増進することを企画する民間の自主的な組織」とした。

まれたようなもので、期待された活動はほとんどありませんでした。

昭和二七年（一九五二）には厚生省が各都道府県知事あてに「小地域社会福祉協議会組織の整備について」を通知し、市町村社協を設立するよう指導する中で、市町村社協が相次いで設立されました。しかし実際は、共同募金※の配分を受けるために設けられた名目だけの社協であり、市町村の名で開催できない慰霊祭などの開催のための便宜的な組織でしかありませんでした。現実には名ばかりで、ほとんど実体のないものだったのです。そんな現状に直面し、あるべき社協の姿の模索をはじめます。

軍政部時代の仕事を通して、県内各地における、住民の生活環境や生活状況の厳しさを肌に感じ、中には劣悪な環境で、貧しい生活を強いられている人々がいるという実態を知っていた長尾は、地域の福祉の増進という社協の使命を達成するために、住民の生活に密着した市町村社協の活動が、最も重要であり、そのために県社協の存在があると考え、行動を開始します。

●共同募金

「都道府県の区域を単位として、毎年一回、厚生労働大臣の定める期間内に限ってあまねく行う寄附金の募集」であり、地域福祉を推進するために、寄附金を都道府県内の社会福祉事業、更生保護事業その他の社会福祉を目的とする事業を経営する者に配分するものである。（社会福祉法第一一二条）「赤い羽根共同募金」としてよく知られる。

共同募金は敗戦後、ＧＨＱの指導により公私分離政策が行われる中、私設の社会福祉施設等には公費補助の途が断たれ、その緊急の対策としてアメリカの「コミュニティ・チェスト」と呼ばれる募金活動を参考に昭和二二年から開始された。

小地域に焦点をあてて

昭和三〇年（一九五五）県社協に地域組織部会を設置した長尾は、「社会福祉振興地区」として堅田《かたた》町（現大津市）、稲枝《いなえ》町（現彦根市）、浅井《あざい》町をモデル地区に指定し、市町村社協の育成に乗り出します。

昭和三〇年代の前半は、市町村の合併がすすめられていました。いわゆる「昭和の大合併」の時代です。当時の堅田町社協など合併前に優れた活動を行っていた地域では、その社協組織を残すよう指導する一方、市町村合併を機会に市町村社協を徹底的に自主的な組織に作り変えようとします。

そして、小さな地域での社協活動へ視点を向けます。合併によって旧の町村は、行政区割りでは学区となり、住民の地域に対する関心は薄らぎだします。合併によって町の行政区域が拡大する中、「自分たちの手で住みよいまちをつくろうというのは社協しかない」という思いから、旧の町村単位である小学校区をはじめとした小地域での社協づくりを目指します。

昭和三二年（一九五七）から「小地域社協研究集会」を開催し、全国社会福祉協議会（以下、「全社協」）組織部長の重田信一※らを講師に招き、小地域社協の理論と実践の研究活動を展開していきます。

しあわせをともに

昭和三二年（一九五七）全社協は「市区町村社会福祉協議会当面の活動方針」（以下、活動方針）を策定し、その中で「市区町村社会福祉協議会は、その活動が地域住民の生活に直結するよう、当面する福祉課題の対策をたてる際にも、広く問題に関連のある者に協力の機会を与え、また小区域ごとに地区社会福祉協議会あるいはこれに準ずる福祉活動の推進組織を結成するなどの配慮がのぞましい」という方針を提起します。

長尾はこの方針を「非常に有り難い」と歓迎し、「全社協組織部から当面の活動方針が出されたのは本県のように小地域に力を入れた社協としては非常に有難いものであった。地域ニードに立つ住民参加の民間組織である点に自信を得て、行政の裏組織からの脱却と民協主導の克服をかかげて努力した時代であった」と語ってい

●重田信一
明治四三年（一九一〇）生まれ。日本社会事業協会から中央社会福祉協議会設立とともに参事となり、組織部長、企画広報部長を務める。牧賢一や永田幹夫らと住民主体の社協育成のため全国をまわる。昭和三七年に明治学院大学教授となり、定年後、大正大学教授。横浜国際福祉専門学校校長。

ます。

「活動方針」を得た長尾は、「市町村社協活動強化対策要綱」、「地域組織活動指導計画」を策定し、市町村社協育成に邁進します。この要綱は市町村社協育成について、県社協がはじめて本格的な方針を示したものでした。この要綱で、県社協の重点事業を「市町村社協の育成強化」と位置づけました。市町村社協に漫然と従来の方針を踏襲することを戒め、「地域住民の生活に直結する」社協を目指して、事業全般にわたる再検討を求めます。さらに、最も重要な方針として学区や自治会、集落における組織活動の育成をかかげます。

また、その当時、同志社大学では若手研究者による研究会が開催されていました。同志社大学の小倉譲二の紹介でドロシー・デッソー教授の自宅での研究会に招かれ、県内の社協の組織状況を報告します。するとデッソーは、長尾の報告は組織論であって※コミュニティ・オーガニゼーションとは異質なものだと指摘します。

デッソーの指摘を受け、組織論ではなく具体的な実践の積み上げの必要性を教えられた長尾は、昭和三三年（一九五八）に社協活動白書『しあわせをともに』を発行します。

●コミュニティ・オーガニゼーション

アメリカで発達した社会福祉の専門的方法、いわゆるソーシャルワークの一領域であり、地域住民が地域社会の中で共通して抱える生活要求、生活困難を、地域社会自らがさまざまな社会的資源を活用、開発しつつ組織的に充足、解決するように専門ワーカー（コミュニティ・ワーカー）が側面的に援助するもの。日本では社協がコミュニティ・オーガニゼーションを行う組織であり、社協の専門員がコミュニティ・ワーカーの役割を担うことが期待されている。

これは、全市町村社協の実態調査や予算書、事業計画等を問題別に現状分析し、より実践的な市町村社協の課題を示したものでした。その中で、「社協は社会福祉に対する地域住民の姿勢を『与えられる立場』から『自ら作り、かちとる立場』へと変えること」と語っています。

住民主体の原則

長尾は、昭和三四年（一九五九）に地区組織活動推進地区※として指定した甲賀町によく出向きました。当時の甲賀町の役場に地区組織活動に熱心な職員がいたのです。甲賀町で「住民主体」という言葉をはじめて耳にします。その後、社協活動は地域住民が「住民主体のもとに」行うという考え方を自ら語り、キーワードとして広報誌などに書くようになります。それは全社協の「社会福祉協議会基本要項」※で「住民主体の原則」が確立される三年前のことです。

甲賀町の活動は全国のモデル的な実践事例を集めた『地区組織活動の事例集』※にも紹介されました。この事例集では、甲賀町社協の過去五年間の活動を「住民主体

●地区組織活動推進地区

昭和三〇年前後の厚生行政では、当時「一〇〇〇万ボーダーライン」といわれる低所得者対策と、国民の健康増進のための予防衛生対策であった。「蚊とハエをなくする運動」をはじめ、結核予防、寄生虫撲滅、母子衛生などの運動が住民を対象にすすめられていた。これらの保健衛生活動と社協の福祉活動を一体的に行うため、中央に保健福祉地区組織育成中央協議会が設立され、府県単位にも同様の委員会を設置することになり、県社協がその事務局を担った。委員会では指導者の養成、保健福祉地区のニーズ調査、推進地区の設定等を行った。昭和三四年には甲賀町、大津市下坂本、彦根市広野を最初の推進地区として指定した。

●社会福祉協議会基本要項

全社協で昭和三七年（一九六二）に策定された社協の憲法といわれる基本要項。

の原則を実現しようと一途に歩んできた歴史」と紹介しています。

また長尾は、福祉団体以外の地域のさまざまな団体とつながりを持つことで、その活動の範囲が地域に拡がったといいます。たとえば、社協とともに地域の婦人会でゴミの焼却場を作ったり、社協の働きかけで老人クラブが積極的にボランティア活動をやろうという動きも出てきます。

ある時、長尾は施設職員合宿研修で福井県小浜市へ行きました。川が海に流れ出た河口が実に美しく清掃され、その小高くなった場所に「ゴミを捨てるな子ども会」という立て札を目にします。

「ゴミを捨てるな」と、保健所でも市役所でもなく子ども会が呼びかけていることに、また、地域の子ども会活動の一環として清掃を行っていることを想像した長尾は、「これが、まさに住民主体の活動だ」とその時の嬉しさを忘れられないと語っています。

これら、小地域での日常的とも言える取り組みを、社協活動の原点ととらえ、その広がりへとつなげていきます。

●地区組織活動の事例集

保健福祉地区組織育成中央協議会は、全国の地区組織活動指導者に向けて『地区組織活動の事例』という活動事例集を発行している。その第五号（昭和三六年二月）において、甲賀町の活動事例を一三ページにわたって紹介している。そこでは、甲賀町社協が早くから部会を設け住民主体の幅広い活動を行ってきたこと、「福祉のつどい」を単なる会合ではなく、地域の問題をとりあげ住民自身が開催し、町ぐるみでその問題に取り組んでいることなどを紹介している。

昭和三五年（一九六〇）八月に全社協が山形県で開催した「都道府県社協組織指導職員研究協議会」（いわゆる「山形会議」）に参加します。そこで長尾は、最も重要視していた小地域社協（地区社協）の性格や機能、その具体的な進め方について、「地区社協は画一的な考え方で進めることはできない。自主的なものとしてつくりあげることが必要である。市社協は地区（学区）社協の連合体としての性格であり、住民主体の活動に社協を体質改善するために地区社協の役割は重要である」と発言します。

その後、全社協では「社会福祉協議会基本要項」の起草委員会が設けられます。長尾は臨時委員として任命され、この委員会でも「社協が住民主体であるためには地域住民の参加の可能な地域を基礎単位としてピラミッドのように積み上げたものでなければならない」と強調します。

昭和三七年（一九六二）、「社会福祉協議会基本要項」が策定され、その中で社協の「住民主体原則」が打ち出されることとなります。

滋賀方式※～市町村社協を基盤に～

基本要項の策定作業に並行して、県社協の体質改善を行います。社協は、施設の事務を単に請け負う関係でなく、予算対策や地域福祉活動を展開する中でつながるべきものである、との認識を早くから持っていました。そして、児童や高齢者など福祉施設の種別ごとに組織を独立させ、財源の一部を負担させて事務局は県社協におくという方式をとりました。

昭和三七年、県社協に種別協議会及び委員会規程を設け、県社協の内部組織であった施設部会と民生委員部会をそれぞれ独立した組織として発足させます。これによって、県社協の役員構成に市町村社協代表者を大幅に増員し、県社協に対する会費も増額するなど、県社協の性格を基本要項でいうような市町村社協の連合体的な性格に近づけることになったのでした。

このような体制は「滋賀方式」と呼ばれました。当時、無原則に増大する社協事務に埋没され、地域組織活動のできない悩みをもつ他府県社協関係者に少なからず影響を与えたのでした。こうして、市町村社協に軸足をおいた組織構成、活動体制

●**滋賀方式**（補足説明）

都道府県社協は、社会福祉事業法において、都道府県域における社会福祉事業、更生保護事業を経営する者の過半数が参加すると規定されている。つまり、都道府県社協の構成員は社会福祉施設や社会福祉に関係する各種団体となっていて、その業務を都道府県社協の職員が行っていた。そのため、社協の地区組織活動の指導、市町村社協の育成などの業務に十分に取り組むことができなかった。

そこで、施設の協議会づくりをし、独立した組織とする一方で、事務局は県社協が担うという方式をとり、いわば「つかず離れず」の関係を作り、今まで「社協丸抱え」であった施設等の業務を整理した。そして、地域組織活動への取り組み体制を整えたのであった。

とし、地域組織活動中心にシフトしようという長尾の考えが実現します。

同和問題に取り組む

市町村社協の育成、小地域社協づくりに心血を注ぐ一方で、地域福祉実践の重要性を認識させられたのが同和問題への取り組みでした。長尾は、軍政部時代から同和地区の生活の深刻さを目のあたりにしていました。

県社協が同和地区に関わることになったのは保育所問題がきっかけでした。同和地区に保育所が設けられたのは比較的早い時期でした。しかし、その頃は保育士の絶対数の不足時代であり、同和地区の保育所、とりわけ民間保育所の保育士不足は深刻な問題でした。止むを得ず無資格者がいたり、子どもの数に対して配置すべき保育士数が不足することも少なくありません。

また、保育だけでなく、家庭全体の支援の必要なケースも少なくありません。同和地区の民間保育所は二重三重の苦しみをもっているのに、当時の保育団体では全体の問題にならず、それを訴える人もいません。

しかし、この問題を木之本町の同和地区内にある保育所長が取り上げ、「同和保育協議会を設立したい」と相談を持ちかけます。長尾は滋賀県に相談しますが、当時の県は相手にしてくれません。そこで、知人でもある朝日新聞厚生文化事業団の賀集《かしゅう》一《はじめ》局長にこの実情を話したところ、組織化のための助成金を約束してくれたのでした。

昭和三七年八月、近江八幡市で滋賀県同和保育研究集会がもたれるとともに、滋賀県同和保育協議会が発足します。第一回の研究大会は県外にも呼びかけ、京都、三重などからも参加があり、関係方面に大きな反響を呼びました。

同じ年に県社協事務局に新たに同和部を設け、専任職員を配置します。そして、同和地区福祉推進員制度を設け、生活改善などの活動に取り組みます。また、県内同和地区の概況調査を実施し、福祉施設の状況を把握します。調査の結果、全く使用できない状態の施設が数多くありました。

大津市のある地区に※隣保館《りんぽかん》を建設することをめぐり、賛成組と反対組の対立が生まれます。県社協はこれに深く関わり、関係者に理解を働きかけ、その建設の実現を支援します。そして、隣保事業連絡協議会の設立を働きかけるとともに、全国隣

●隣保館

同和地区およびその周辺地域の住民を含めた地域社会全体の中で、福祉の向上や人権啓発のための住民交流の拠点となる地域に密着したセンターとして、生活上の各種相談事業をはじめ社会福祉等に関する総合的な事業及び国民的課題としての人権・同和問題に対する理解を深めるための活動を行い、もって地域住民の生活の社会的、経済的、文化的改善向上を図るとともに、人権・同和問題の速やかな解決に資することを目的としている。

保事業協議会に参加し、滋賀県での全国集会を担当します。

これと前後して、県社協は同志社大学の協力を得て日野町豊田地区の実態調査を行いました。この調査で、改めて同和地区の悲惨な環境や生活状況が明らかになり、同和地区に対する特別対策の必要性も報告されます。

昭和四四年（一九六九）、県に同和推進協議会が設置され、同和対策が総合的に推進されることになり、それまで県社協が取り組んできた事業の大半は推進協議会に移管されました。

このように県社協として同和問題を全面的に推進したことは、全国的にも例がないものでした。

施設職員の処遇向上に向けて

福祉現場で働く職員は、「聖職」という言葉のもとに、戦後長い間厳しい労働条件下におかれていました。とりわけ民間施設で働く職員は、勤続年数も短く、給与も公務員と比べて大きな格差がありました。

長尾は、劣悪な労働条件におかれていた福祉施設職員の処遇の改善に着手します。「滋賀県社会福祉従事者大会」が県社協の後援のもと実施され、現場職員の生の声が訴えられました。昭和三二年（一九五七）の滋賀県社会福祉大会で施設職員の処遇について問題提起をし、同時に昭和三三年（一九五八）一二月に「民間社会福祉施設職員共済制度発起人会」を立ち上げさせ、県当局との予算折衝につなげます。また、翌年四月には県社協内に「民間社会福祉事業共済会」を発足させます。

その後、共済会に加入している職員の賃金実態調査から明らかになったことは、社会福祉施設で働く職員は、公務員と比較すると一般的に低賃金であり、かつ長時間の労働であるという実態でした。初任給は公務員並といいながら、経験年数が長くなるほど賃金の格差が大きくなるという事実が明らかになり大きな反響を呼びました。

社協職員の心構え

長尾は昭和三八年（一九六三）に県社協の事務局長に就任します。当時、このポストはほとんどの県では県職員ＯＢのポストであり、社協生え抜きの事務局長就任は周囲から注目されました。長尾は県内の市町村社協職員の育成に力を注ぎます。現場を重視し、その実践から社協活動は決して原則論だけで通用するものではないということを実感していました。社協職員やリーダーたるものは活動態度が重要であって、これがしっかりしていないと社協を広げることはできない、というのが持論でした。

それをよくあらわすものとして長尾がいつも口にしていた「社協活動十則」があり、これは今日においても社協活動に従事する職員に示唆を与えるものです。

社協活動十則

○人手がない、予算がないと自ら活動を規制しては社協活動は発展しない。

○あらゆる機会と場で人材の発見に努めなければならない

○地域リーダーの活動意欲を高めるために、絶えず激励と助言をおくることが大切である。

○たてまえで人を説得することはできない。社協理論を自らのものとして身につけるよう自己研修が大切である。

○社協活動は創造が大切であり、自由が大切である（タブーのある組織は硬直する)。そのためには或る種の雑然さに寛容さが必要である。
○活動態度がルーズだと信頼を失う。特に金銭的なことに対してはきびしくなければならない。
○ワーカーは社協活動のなかで財政を忘れてはならない。財政を考えない活動は官僚化し、独善的になり易い。
○活動が思うようにならないと、「全社協が間違っている」「県社協が悪い」など自らの反省もせず責任を他に転嫁する態度は改めなければならない。
○善意であっても活動を請け負うことはよくない。それは周囲を傍観者にし、傍観者は批判者に転落する。
○地域エゴと思われる要求も頭から押さえてはならない。小地域の要求を無視せず何らかの対策に結びつけ、挫折を与えてはならない。

穴太衆積みと保育園

昭和四八年（一九七三）一二月三一日、二〇年近く勤めた県社協を退職し、次の舞台を保育所に求めます。新しく建設する保育所の名前は「風の子保育園」。「子どもは風の子」、子どもを強くたくましく育てたいという願いから名付けました。

また、かつて唐崎の北西、大津市穴太《あのう》は石垣づくりの名工を輩出し、『穴太衆積み』といわれる工法で、戦国時代の城や大寺院の石垣を作ってきました。その技法は大小さまざまな石のあるがままの形を生かして築き、しかもそれが堅牢に出来ています。

長尾は、穴太衆積みは「差別のない人間社会」を表現しており、障害児保育を重視する園にふさわしいと、社会福祉法人の名称を「穴太」としました。

昭和四九年（一九七四）四月二日の開園を目指して、土地造成が始まりました。しかし、予定地で遺跡が発見され「〝幻の都〟大津京跡※か」「保育園建設は中止か」とマスコミに騒がれます。さらにオイルショック※が襲いかかります。昭和四八年（一九七三）、政府は「福祉元年※」とし、福祉の充実をうたっていましたが、それは吹っ飛んでしまいました。物資不足、物価の高騰などが重なり、建設予定であった保育園も数か所が中止を余儀なくされました。しかし、風の子保育園は工事を請け負った業者が早めに資材を確保してくれていたので、何とかこの難を免れることができました。

●**大津京跡**

昭和五八年（一九八三）、天智天皇が奈良の飛鳥から遷都した大津宮跡とされる大津宮錦織遺跡から、巨大な柱穴や建物跡などが発掘された。

●**オイルショック**

一九七三年の第四次中東戦争を機にアラブ産油国が原油の減産と大幅な値上げを行い、石油輸入国に失業・インフレ・貿易収支の悪化という深刻な打撃を与えた事件（第一次）。また、一九七九年のイラン革命に伴って産油量が減り、原油価格が急騰した事件（第二次）。二度の事件は、石油輸入国にエネルギーの節約と代替エネルギーの開発を促した。石油ショック。石油危機。

●**福祉元年**

昭和四七～四八年に老人医療費の無料化と年金のスライド制が実現したことにより、政府によって「福祉元年」が唱えられた。

開園に向けて急ピッチで工事が進む中で、またしても予期しないできごとが発生します。開園まで一か月という時点で、四月からともに働くスタッフに大変なミスを指摘されたのです。

「手洗い場がない、少なくとも二か所は必要だ」
「押入れがない、お布団はどこに入れるのか」
「二歳児の部屋は、トイレとつながっていなければならない」
「この建物は幼稚園式だ。保育園は子どもの生活の場だから、最低限この三点はやり直してください」

ほとんど出来上がっていた園舎でしたが、必要な場所を壊して造り替えなければなりませんでした。これには長尾も「埋蔵文化財やオイルショックは仕方ないが、設計段階のミスはまったく私の勉強不足でした」と語っています。運営には自信があった長尾も保育という分野に関しては新参者であり、勉強不足、経験不足を認めざるを得なかったのでした。

そして昭和四九年（一九七四）四月九日、ついに「風の子保育園」は開園します。

開園当初の風の子保育園

囲いのない保育

長尾は風の子保育園の運営の基本方針に「囲いのない保育」を据えました。その理由を次のように語ります。

「県社協在職中に多くの保育園は閉鎖的な社会だと感じていた。保育園は子育ての社会化なのだから、運営全般がもっと開放的でないと力が発揮できないのではないかと思う」

まず、「子どもの生活の場であるためには、一日中、園内に閉じ込めていてはならない」として、子どもたちの年齢を問わずに『散歩』を日課に入れます。そこで子どもたちはいろんなことに出会い、発見をします。親たちも「子どもの方が道をよく知っている」と言います。

次に、『保護者との関係がオープンであること』を大切にします。長尾は、個々の親との関係だけではなく、親の集団との関係も重要だと考えます。

「保護者会の自主的な活動の中で、親たちが成長することも多い。また、園としても保護者が言いたいことを言えるように配慮はしているが、もし園に対する苦情があっても、個人的には言い難いのが人情で、集団になればいろいろ言えるでしょう。時には一方的で困った意見もありますが、保護者も園側も、お互いが冷静に意見を交換することが大事であると思う」

さらに、長尾は『職員も囲ってはならない』と言います。それは、保育園は徹底的に人間関係の社会なので、子どもたちが子ども同士での交わりや、保育士との関わりの中で共に育っていける環境作りが大切であること、子ども、職員、親たちの人間関係の中でお互いに成長する社会であり、その中核にあるのが保育士だという考えです。

そのために、長尾は職員たちと自由な意見の出し合える関係を大切にし、仕事についてもそれぞれの持ち味を生かせるよう様々な配慮をします。

こうして、風の子保育園は長尾の情熱と職員の頑張りに支えられ、「囲いのない保育」を実践していきます。

世代を超えた保育が行われている風の子保育園。青い空のもと秋の収穫作業

学区社協活動へ　～社協活動の第一線に～

開園して一年たち、一つの峠を越した時、長尾にとって思いがけない話が持ち込まれました。昭和五〇年（一九七五）四月、唐崎学区が新たに発足することになったので、学区社協会長を引き受けてくれというのです。県社協時代に小地域社協の重要性を強調してきたことでもあり、魅力も責任も感じます。

職員たちに相談したところ、「囲いのない保育に都合が良い」「園長先生、ついてるじゃないですか」と職員はけしかけます。

ただ一つ、長尾には社協会長を引き受けるからには譲ることのできない考えがありました。それは、青少年育成学区民会議と学区社協は別組織として運営できないということです。地域にとって最も大切な青少年の健全育成に関して県、市町村、学区段階でそれぞれの会議が組織されています。学区レベルの会議が学区民会議です。

学区において、住民組織が分立するのではなく一体的に行うべきとする長尾は、自由な生活者の立場で参加できる住民組織こそ大切であり、学区社協はそうあるべきと考えていたのです。

唐崎学区社協の会長となり、社協活動の第一線に立ちました。昭和五六年から昭和六三年までの一三年間、様々な活動を展開します。とりわけ次代を担う青少年健全育成活動はめざましいものでした。「新成人のつどい」を唐崎学区発足の年に実施します。また、子ども会の育成にも力を注ぎます。子ども会連合会も結成し指導者研修会やサマーキャンプ、たこづくり講習会、新年たこあげ大会などを開催します。さらにテキスト「子どもの集団活動を育てるために」を発行します。

地域の啓発、宣伝のため全世帯を対象に標語を募集し、優秀な標語をステッカーとして子どものいる全世帯に配布します。湖西線のガード下に遊び場も設置しました。

補導委員会と共同で地域のパトロールを行う際、参加者が健全育成についてミニ懇談会を開くようにし、情報交換を行います。商店にも協力してもらいます。「子ども育成の家」として、地域で子どもを見守ります。

さらに調査活動も実施します。「父親の子育てに関する調査」を実施して報告書も作成します。また、その結果を学区社協の機関紙にも特集号として掲載します。

子育て支援の拠点として

平成元年（一九八九）、厚生省は保育所の地域活動を奨励する特別事業として「メニュー方式」の補助事業を始めます。一テーマにつき五〇万円の補助金が受けられ、七つのメニューが提示されました。長尾は即座に「子育て教室」と「障害児のためのネットワークづくり」のテーマを選びました。

「子育て教室」は「ありんこ広場」という名称で、唐崎学区を中心に母と子の遊びを定員二〇名で、ゼロ歳から三歳までグループにわけて月二回実施するプログラムです。運営委員会を設け、会費制で情報紙「ありんこ通信」や会員による機関紙「ありんこママ」をそれぞれ月一回発行しました。

「障害児のためのネットワークづくり」は、保育園で障害をもつ子ども、もたない子ども、それに大人たちが一緒になって地域でノーマラーゼーションの実現という願いからスタートしました。保育所・幼稚園・小学校・養護学校のほか、福祉関係団体・学識経験者・父母の会の代表などで組織し、啓発活動をはじめとしてさまざまな活動に取り組んだのです。こうした中、平成六年（一九九四）、国はエンゼル※

風の子保育園の活動報告『ありんこひろば』

プランを策定し、「地域子育て支援モデル事業」（平成八年からは「地域子育て支援センター事業」）が開始されます。風の子保育園は平成六年に県内で三番目の事業指定を受けました。専任職員をおき地域活動を展開する体制が整ったのです。メニュー事業で実施した「ありんこ広場」、「障害児のためのネットワークづくり」を子育て支援事業の一環に位置づけ、学区の中核センターから大津市の中核センターとしてその成果が大きな拡がりを見せてきました。

地域の中の育ちあい

平成一〇年（一九九八）八四歳となった長尾は園長を退き、理事長に専念します。平成一四年には「風の子保育園」の園舎は新しくなり、以前の二倍の広さとなりました。定員は一二〇名、職員は非常勤職員を含めて三五名となりました。

障害児保育、地域福祉活動（地域子育て支援センター、子育てを考えるつどい、障害児のためのネットワーク）、学習活動、苦情解決委員会、農園活動、「風の子の保育を考える会」などの父母との共同活動、広報活動（「ひろがる保育」「風の子通

●エンゼルプラン
　少子高齢社会の進行を受けて、平成六年（一九九四）に策定された「今後の子育てのための施策の基本的方向について」の俗称であり、子育て支援を総合的見地から行おうとするもの。仕事と保育を両立させるための雇用環境整備、多様な保育サービスの充実、母子保健医療体制の整備等が主な内容となっている。

信」など）など多岐にわたっています。「囲いのない保育」が実を結びました。
退職時、主任保育士であった藤崎ヨシヲは次のように語っています。

保育園開園当時、園長先生は「これまで県社協にいて社会福祉の総論をやってきたが今度は社会福祉の各論・保育でがんばる」といっておられたのを今でも鮮明に印象深く覚えています。そして、見事に各論としての保育実践、理論を打ち立てられたと思います。…保育園に来てもなかなか遊べない子どもが多く、先生の後ろにくっついていた子どもも友だちと一緒に、くるくる遊べるようになっていくのがとても新鮮でした。そんななかで園長先生は、保育園の帰りに親子が田圃のあぜ道で草花を摘み、子どもの胸につけたり、楽しそうに手をつないで帰っていく姿をみて、短い時間でも親子がしっかりふれあっている、いいことだ、と働くおかあさんをよくほめて励ましておられたのが大変印象的です。また、保育園に孫を預けるなんてかわいそうにと思っていたおばあさんが保育園の行事に参加するたびに保育園に預かってもらってよかったというようにかわってきたのですが、園長先生はまたまた良いことだと感動して、風の子通信に書いて、だいじなことはみんなに知らせていました。そして、保育園

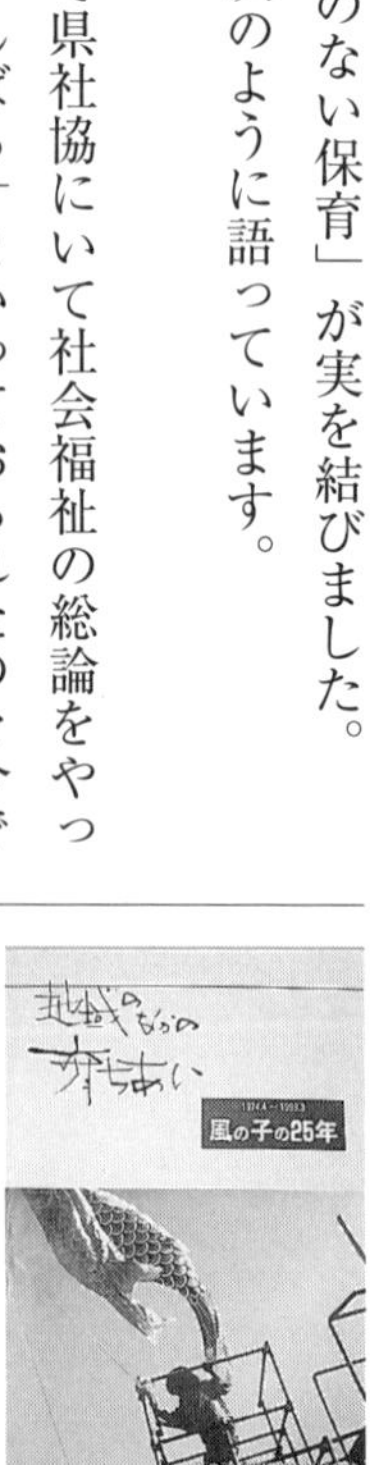

二五周年記念誌

の行事におとうさんの参加が多いこともだいじなことだと評価されていました。こんななかで、囲いのない保育、地域にしっかり根ざした保育を保育者といっしょに積み上げてきました。日々の保育に追われ、視野が狭くなりがちな保育実践を大きな立場からいつも励ましてくださった園長先生を保育者たちは尊敬していたから、みんな団結してがんばれたと思います。(『地域のなかの育ちあい　風の子の二五年』)

地域で福祉を創る

長尾は地域福祉を展望し、平成一五年(二〇〇三)発行年報第九号「小学校区における地域福祉」の中で、次のように語っています。

施設側と地域住民が力を合わせて住みよい町を創造する、それが新しい地域福祉だと考えます。こうした活動は本来社協がコーディネートする筈のものですが、専任の職員ももたず、会長以下役員がボランティアで活動している現状

現在の風の子保育園

ではそれを要求するのは無理です。そこで、施設側で社協の庇《ひさし》を借りる格好でもよい、福祉施設部会を設け、実践や情報の交流をします。もちろん親睦も大切なテーマでしょう。そうした経験を重ねることによって一歩一歩高まるものと思います。それなら無理をして社協の枠に入らなくても良いのではないかという疑問もでるとは思いますが、社協から離れると地域福祉という視点がなくなります。地域福祉であってこそ全市町村や県、さらに全国とのつながりのある活動として発展することができるからだと思います。

一保育所だけでもこれだけの活動場面があるのに、まして唐崎学校区には児童、障害、老人を含むと十指に近い福祉施設があり、これ等がバラバラでなく地域福祉の視点に立つ連絡調整ができればその影響は素晴らしい結果をもたらすものと考えます。…現在の学区社協は市町村社協を小型にした組織で経験によって運営されているものと思われますが、地域福祉推進の基盤的存在として育成することが大切であり、かつ全県的な問題であることを考え県社協において「学区社会福祉協議会運営要領」的なものを策定することが望まれます。

地域で福祉を創る。長尾は県社協から保育園の現場を通じて六〇年余、地域にこだわり、とりわけ小地域で福祉を創ることに一途に取り組んできたのです。

〈参考文献〉

○滋賀県社会福祉協議会編『滋賀県社会福祉協議会四〇年史』一九八二年
○滋賀県社会福祉協議会編『しあわせをともに　昭和三三年度社協活動白書』一九五八年
○滋賀県社会福祉協議会『滋賀社会福祉研究』
○全国社会福祉協議会編『全国社会福祉協議会三〇年史』一九九二年
○山形県社会福祉協議会編『地域福祉活動における住民主体の原則を考える』二〇〇一年
○重田信一「戦後社会福祉の動向と社会福祉協議会の位置づけ」（日本地域福祉学会地域福祉史研究会編『地域福祉史序説―地域福祉の形成と展開―』）中央法規出版　一九九三年
○黒木利克『日本社会事業現代化論』全国社会福祉協議会　一九五八年
○財団法人保健福祉地区組織育成中央協議会『保健福祉地区組織シリーズ五』一九六一年
○風の子保育園編『地域のなかの育ちあい　風の子の二五年』一九九九年
○風の子保育園編『あしたの保育　二〇〇二年度活動報告書』二〇〇三年
○風の子保育園編『ひろがる保育　二〇〇一年度活動報告書』二〇〇二年
○風の子保育園編『地域とともに　二〇〇〇年度活動報告書』二〇〇一年

住民本位のサービスをつくる

鎌田昭二郎

◆かまた　しょうじろう

昭和２年（1927）滋賀県生まれ。京都大学医学専門部卒業後、大津市に勤務、乳児検診「大津方式」を推進。昭和40年（1965）滋賀県庁入庁後健康福祉行政を推進、滋賀県の福祉保健・医療の統合など新しい行政施策に独自の展開を行う。

昭和二年、滋賀県に生まれた鎌田昭二郎は、大津市、滋賀県に勤務する中で、赤ん坊からお年寄りまで、誰もが住みなれた土地で幸せな生活を送れるように必要な支援をすることが行政の役割であると考え、福祉・保健・医療の枠を超えたサービス提供のシステムを構築しました。住民の視点に立ち、ニーズに気付いたものが行動しようと説く実践者です。

人口の高齢化が急速に伸展する中、支援の必要な住民の発見からサポートまでを行政が責任をもって進めようと、鎌田は、福祉と保健・医療の連携による総合的なケア体制の整備を終始一貫進めてきました。しかし、彼は、「このことは当然のことであり、目新しいことではない」と言います。現役を退いた今もなお、その情熱はとどまらず、後輩に示唆を与え続けています。

ニーズに気づいたものがまず行動しよう

湖東平野に広がる田園地帯、現在の東近江振興局※管内は、滋賀県内でも有数の穀倉地帯で、豊かな水量を持つ日野川などの河川が流れ、山地と琵琶湖に挟まれた土壌は毎年豊かな実りをもたらします。

昭和四〇年（一九六五）に大津市役所を退職し、八幡保健所長として赴任した鎌田は、庁舎内でじっとしてはいませんでした。いつも保健師が運転する公用車で管内を飛び回っていました。

●東近江振興局
東近江地域二市九町（近江八幡市、八日市市、安土町、蒲生町、日野町、竜王町、永源寺町、五個荘町、能登川町）を管轄とする。

当時の保健所は結核をはじめとする感染症対策と、乳幼児死亡率の高さという状況下での母子保健対策が主要な課題でした。学生時代から、臨床よりも地域との関わりを重視して現場での活動に携わることが多かった鎌田は、赴任早々、この地域の乳幼児死亡率の高さを知り、早速、調査をするために管内各所に出かけていたのです。乳幼児期における障害の早期発見・早期療育を実践してきた鎌田は、「ここでもできるはずだ」という信念で、何としてもこの地域の乳幼児保健水準の改善を試みようとしていました。

その一つの取り組みとして、コンクール方式の乳児検診を廃止し、毎月の定期乳幼児検診方式を導入、精神発達相談もあわせて行いました。そうした経過の中で、いくつかの疑問が出てきました。一つは、異常を発見してもそのままでフォローがまったくされていないこと。もう一つは定期乳幼児検診において、重度の障害児が発見されることがなかったことです。

当時は、発達遅滞であれ、重度の障害であれ、行政が関与しようとするそのことが、就学猶予や就学免除等の差別につながるという一面がありました。

保健師との議論の中で、受診率の向上をめざすことが集団検診の常道であるが、いくら受診率をあげてもより重度でケアの必要な対象は、自分たちの視線からはずれているのではないかということになりました。管理されていない対象こそケアが必要であり、住民に対する啓発や保健師らの地域保健活動があって初めて健康管理が成立するということを再確認したのです。

そこで未受診児の全数訪問を実施したところ、予想されたとおり、脳性マヒで、すでに硬く固まってしまった赤ちゃんと途方にくれて孤立した母親が見い出されました。

発見された障害児の対策として、一つは孤立している母親の話し合いの場づくり、二つには障害児の早期療育の場づくりが必要となります。しかし地域にはそれらを支える社会資源がありません。問題点を整理した結果、保健所で母子通所療育事業を始めようということになりました。「ひまわり教室」の誕生です。

ひまわり教室

ひまわり教室は、同じ悩みを持つ母親が集まり、障害を正しく理解しあう場を設定し、障害児に対してはアフターケアをする、それを〝地域〟の中で実施しようという意志から始まった取り組みです。スタッフは、市町および保健所の保健師、びわこ学園職員、カウンセラーで構成されました。

この教室も順調にスタートしたわけではありません。教室を開く場は確保したものの、療育の専門家は保健所にはいませんでした。その協力を得るために、保健師を伴い、旧知の岡崎英彦に出会うため、びわこ学園を訪ねました。

「岡崎先生、八幡地域の乳幼児保健の状況を改善するには、何としても先生のお力が必要なんです。協力してもらえませんか。心理発達等の専門職が地域で見あたりません」

と、鎌田は窮状を懸命に訴えます。しかし岡崎は

「ともかく、状況はよくわかるが、なぜ保健所がそんなことまでするのですか。福祉の仕事じゃないですか」

と言います。

その時、同行していた千葉文子保健師が、すかさず

「気がついた者がやらなければならないのです」

と答えたところ、たちまち岡崎の顔がほころび、我が意を得たとばかりに協力を約束しました。
　鎌田は、このときの岡崎の表情が最も印象的だった、と言います。千葉の言葉には、「子どもたちを地域で早期にケアし、地域で育ち合えるようにしよう。気づいた者がまず行動しよう」と常々職員をリードしてきた鎌田の考え方があらわれていました。

　こうした成り行きを鎌田は、「保健と福祉の連携」と大上段に構えたものでなく、そこに住民のニーズがあったから、なんとかそれに応じようと行動しただけのことであるといいます。地域の中では住民のニーズは多彩であり、福祉従事者も保健師もそれにいかに応えようかと懸命に考えます。しかし、自分のできるサービスだけでは限界があり、ニーズを満足させることができないまま、ややもするとそのまま放置されがちになります。気づいたものがそれに何とか応じようと努力奔走し、関係者に働きかけることが大切なのです。

　この取り組みはやがて県下の全保健所に広がり、その後、市町村広域行政サービスとして発展しました。

議論からスタート

鎌田は、京都大学医学専門部を卒業後、昭和二五年（一九五〇）に大津市役所に就職し、その後、滋賀県庁に移って昭和六一年（一九八六）に退職するまで、保健・医療行政の道を歩んできました。

退職後も引き続き、財団法人滋賀県レイカディア振興財団[※]の副理事長、財団法人滋賀県保健衛生協会（現　滋賀県健康づくり財団）の理事長など、福祉と保健の業務に携わってきました。

保健所時代は、所長室で、障害児の早期療育システムについてや、地域精神保健活動の展開などについて、積極的に保健師たちと議論を重ね、それを通じて、保健や福祉といった分野にこだわることなく「お互いに協力しながら、ニーズに気づいた者がまず実践すべき」ということを確認していました。

また、厚生部長時代には、部長室や隣の社会福祉課で、いつも若い職員たちと時

●**滋賀県レイカディア振興財団**
社会の各分野において高齢者の社会活動が活発に展開され、誰もが生きいきと豊かに暮らせる、明るく活力ある長寿社会「レイカディア一湖の理想郷」の実現に寄与することを目的として、また、厚生省の提唱した「明るい長寿社会づくり推進機構」として、平成二年（一九九〇）に設立。平成一五年（二〇〇三）、滋賀県社会福祉協議会と統合。県社協レイカディア振興部として事業を引き継ぐ。

間も忘れて、「ニーズとディマンド論」や「保健福祉圏構想」などについて、時間を忘れて議論をし、制度化や施策化につなげてきました。

「大津方式」といわれる乳幼児健診の確立

鎌田は、学生時代に大西豊彦（びわこ学園元理事長）を中心として結成された大津医学生会に参加し、戦後の混乱期に地域医療活動に取り組んでいました。大津医学生会は、親睦的な活動のほか、当時医師会役員であった本原貫一郎（元滋賀県医師会会長）、大津市衛生課長の高槻碩夫医師の指導と協力のもと、僻地《へきち》医療のスタッフとして、無医地区である大津市山中町での医療活動や、大津市の公衆衛生活動への参加など活発に協力していました。

こうした活動の一つとして、鎌田は近江学園での結核対策に参加し、ここで当時の園医であった岡崎のもとで研修指導を受けることになり、岡崎との交流が始まります。

この時、岡崎は回虫駆除の研究に没頭しており、その効果判定のため排せつされた回虫を数えるという単調な作業を連日行っていました。何百匹もの回虫を箸でつまんでは眺める作業をしていた岡崎に「先生、何年こんな仕事をやるんですか」と鎌田が尋ねると、岡崎は淡々と「そうやな、まあ一〇年ぐらいはやらなきゃなあ」と答えました。鎌田は岡崎の仕事への執着に感動し、後に「あんな仕事を本当にいつまでもするのか正直うんざりしたものでしたが、岡崎先生の言葉で、一つの道が決まったような気持ちになった」と話しています。

また、この時を契機として糸賀一雄に師事することになりました。

これが福祉へのかかわりの始めです。

「大津方式」の原点を

鎌田が就職した大津市の衛生課は、医師三名のほか保健師七名が常勤という全国的にも整った環境にありました。ここでの鎌田の役割は、「母子保健」と「乳児検診」の運営でした。戦後の食糧不足が次第に落ち着いてきたとはいえ、のちに団塊※の世代といわれるベビーブームに誕生した乳幼児の数は多く、疾病の予防や栄養補

●団塊の世代
第二次世界大戦直後数年間のベビーブーム時に生まれた世代。堺屋太一氏が使用しはじめた新語。

COLUMN
❾

大津方式

昭和46年には、保健活動の拠点となる大津市民健康センターが設立され、統一した基準と総合的で一貫した乳幼児健診体制が確立します。「乳幼児健診・大津1974方式」と呼ばれたこの検診は、すべての乳幼児の出生から就学までの心身の状況が記録される「乳幼児健診カード」が作成され、その発育状況が継続的に把握できるシステムです。

翌年には、障害乳幼児対策にも目を向け、「障害乳幼児対策・大津1975方式」が確立し、先進的な健診システムとして全国的に注目されました。

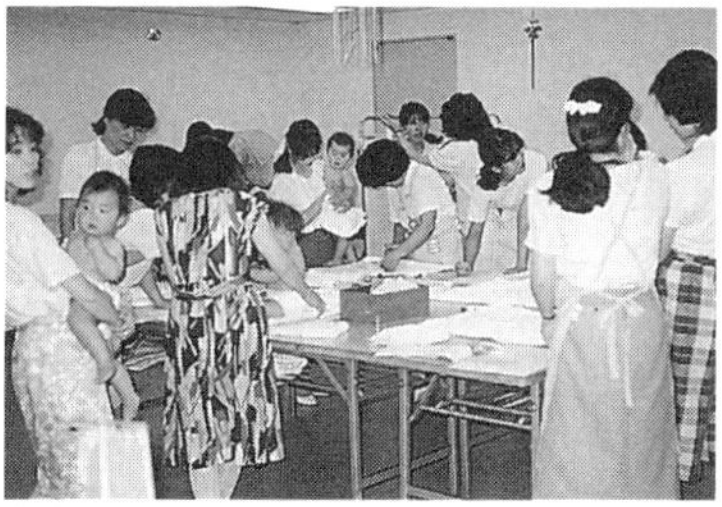
大津市民センターでの10か月健診のようす

給に重点を置いた検診です。

しかし、すべての乳児が検診を受けるという状況にはなく、「乳児検診といっても、栄養状態の良い優良児ばかりやってくる。本当に検診の必要な親子はやって来られない。まず、母親は日々の生活に追われ、検診へ参加する時間がない。ひどい例では母親の着るものがない、外出用の着物や洋服がない。心身に問題のある子は家から出さずに隠しておく…」、このような状況だったのです。

検診・コンクールのこのような欠点、さらには優良赤ちゃんとして表彰された乳児のその後が必ずしも健康ではないなどの理由のもと、近江学園園長の糸賀や医師会役員本原などを交えて「乳児検診のあり方」についての検討を行いました。その時、糸賀から提案があったのが「心身共の発達をみよう」ということでした。

昭和三三年（一九五八）、大津市制六〇周年の市民健康祭を契機に、大津市医師会が中心となり、さらに近江学園や京都大学の発達心理研究者らの協力を得て、新しい方向を打ち出します。

それは、従来の疾病予防や栄養補給に重点を置いた消極的な「検診」から、積極的に体の健康だけでなく心の面、つまり精神発達上の相談・指導機能を取り入れ、社会的な子育てを目指した「健診」へと、乳幼児の発達を全人的にとらえようとしたところに大きな特徴のある画期的なものでした。

　当時、大津市医師会が非常に協力的に鎌田の提案を受け入れてくれたことが、全国に注目される大津方式の誕生につながります。医師会役員であった本原や柳原正典※らが、地域保健活動に情熱的であったことが、鎌田にとって大きな味方となります。

　また、心臓疾患の権威とも言われる大西豊彦の協力も得て、すべての小学生を対象とした当時としては珍しい心電図による心臓検診活動にも取り組みます。将来ある子どもが心身ともに健やかに育ってほしいという思いから始まったこの検診の取り組みは、鎌田が大津市を退職した後も積極的に展開され、子どもの発育状況が継続的に把握できる健診システム「大津方式」につながります。

●**柳原正典**
元滋賀県医師会会長。鎌田が結核を患っていたときの主治医

地域精神保健活動 ～精神障害者の社会復帰を支援～

鎌田の八幡保健所時代、昭和四〇年代は、公衆衛生活動の一つの転換期でもありました。

精神衛生法の一部改正により、新しい地域精神衛生活動の波が押し寄せてきました。当時の管内精神疾患推定患者数は結核登録患者数に匹敵するとの実態調査の結果がありましたが、精神病患者への公衆衛生的アプローチは皆無で、一旦、精神を病めば、鉄格子がはまった病院に収容されたまま生涯を送る人が大半であり、また、精神病患者が出た家では、兄弟が家を出て行き、老いた親がひっそりと暮らしているという状況がみられました。地域の人々の予断と偏見は想像に余りあるものがありました。

鎌田は、明治の精神医学者、呉秀三※博士の「わが国の十何万の病者はこの病にかかった不幸の上にこの国に生まれたという二重の不幸を持つものである」という言葉をよく引用し、根強い偏見は昭和の今も変わりないと珍しく怒りをあらわにしま

●呉秀三
明治・大正・昭和期の精神病学者、医史学者。元治二（一八六五）～昭和七（一九三二）。江戸に生まれる。当時体系化されたばかりであったクレペリン臨床精神病学の価値を認めてわが国に導入し、長く支配的影響を与えた。明治三六年（一九〇三）三浦謹之助とともに日本神経学会（現在の日本精神神経学会の前身）を創立。

した。

保健所では、目標を患者の社会復帰に定めて活動を展開します。

◎保健師活動を中心として展開する。

◎活動の重点を、患者の地域への社会復帰支援に置く。

という活動方針のもとで、キーパーソンといえる保健師に精神保健相談員の資格を取得させ、市町村を含めた全保健師に八幡青樹会病院の協力のもと、病院内実習、講義、ケーススタディの研修を行いました。そのほかに、地域住民の意識調査を行い、その結果から一般住民への啓発・衛生教育を実施し、気軽な相談窓口としてファミリークリニックの開設、社会復帰訓練事業の開始、退院後の患者および家族の支援として訪問活動およびケースカンファレンス、そして社会復帰の要として就労の場づくりのための職親の確保などの活動を展開しました。

患者が地域の中でその人なりの生活や仕事をすることを通して人との交流が行われ、人々が患者を理解することで予断と偏見をとりのぞけるとの信念のあらわれでした。地域の中でさまざまなかたちで患者の居場所をつくること、患者が何を必要としているかの視点に立って、普通に暮らせるように環境の方をかえていくという方向付けがなされました。

うまく社会復帰に結びつくケースもありましたが、自分たちの未熟さが失敗を招いたこともあると、著書の中で振り返っています。

ある大工さん夫婦に職親をお願いし、統合失調症の青年を住み込みで面倒をみてもらった。最初は「おとなしくてよく働く」と喜んでいた夫婦が、ある日突然職親を断ってきた。驚いて事情を聞くと、働きぶりや性格に問題はないが、しかしと続ける。「食事の時、心を込めて作ったおかずもおいしいと言わない。ふろに入ってもさっぱりしたとか何も言わない。張り合いがない……」とのことである。医学的な社会復帰可能と日常生活への社会復帰とは全く別であることに気付いたのは、それから後のことであった。（鎌田昭二郎『打診』より）

このように保健医療や福祉関係者などが患者の社会復帰にかかわる際に、受け入れ側の職場や地域の人たちとの間に十分な対話や啓発がないと、誤解や偏見を再生産しかねないということを思い知ったのです。当時実施された意識調査でも、障害の理解はするが、実際の付き合いは拒否的で、依然として精神障害への誤解と偏見は根強いことがわかりました。これを打破し、ノーマライゼーションの地域を作るには、地域の中で患者との交流が行われ、人々が患者を理解することが第一です。それには、グループホームや作業所など地域の中でさまざまな形の患者の居場所をつくることが必要です。鎌田は、そのためは、「私たちにどんなサービスができるか」でなく、「患者が何を必要としているか」という視点に立たねばならないと考えていました。

住民の視点に立ったサービスをつくる

ニーズに気付いたものが行動することを大切にし、保健師らとともに実践を積み重ねてきた鎌田の仕事に対する姿勢を、郷里の大先輩である大谷藤郎（国際医療福祉大学総長）は、「鎌田さんは、その奥に何かあるんじゃないか、何かあるんじゃないかと熱くなるんだよな」と話しています。

一つに、どのような問題にあっても、さまざまな資料からの冷静な分析に基づくニーズの把握を重視し、実態をきちんと見て、担当者の思い込みや主観でなく、客観的にものごとを把握すること。

二つは、人は誰でも回復できる力を自分の内にもっている。私たちは、常に利用者の気持ちにそい、回復できる力を伸ばしてあげるのだという姿勢。

三つは、本当に困っている人の視点に立って、その人が何を必要としているのかを手がかりに地域の環境づくりを進めるのだという「ノーマライゼーション」の考え方です。地域全体を考えるということ。

四つは、保健と福祉、両サービスの連動と総合化は不可欠であるということ。

五つは、自分がいるからうまくいっているのではなく、担当者が変わっても変わらぬサービスが地域の人に提供できる持続可能なシステムづくりこそが重要であるということです。


福祉の仕事を進めていくときに、私たちはよく「ニーズ」という言葉を使います。しかし、この「ニーズ」は本当に援助を必要としている人にとっての「ニーズ＝必要なこと」なのだろうかと問い直してみることが大切です。

利用者の要求（「ディマンド」ともいいます。）を聞き、それを専門職として客観的に分析し、利用者の気持ちにそって検討した結果出てくるものがニーズなのです。

そして、ニーズを満たしていくときには、地域ケアの視点で地域の環境を整えることが大事であり、それは保健と福祉の連動と総合化なくしては成立しないこと、そして、それが地域にとって必要なものであるならば、人が変わっても継続していく事業・システムにしていくことが公的機関の責任であるということを、鎌田は後輩たちに説き続けました。

保健福祉圏構想

高齢者や障害者あるいは児童などが、社会から疎外されることなく、ごく普通にいきいきとした生活をしていくためには、できる限り身近でサービスの受けられる体制が整備されていくことが必要であるとして、滋賀県では、昭和五二年（一九七七）に保健医療圏を設定、昭和五六年（一九八一）には社会福祉計画のもと、保健医療圏とほぼ重なる形で福祉圏が設定されました。

サービスを考える際の地域を、町内や自治会という最小の地域、市町村という地域、さらに市町村を越えた広域の地域というように、地域のひろがりを重層的にとらえ、それぞれの地域のひろがりの中で必要なサービス供給体制を整備しようという考え方です。

鎌田は、厚生部技監、部長としてこの作業を推進するとともに、高齢者や障害者らは福祉ニーズと保健・医療ニーズを併せ持つ場合が多く、福祉・保健・医療が一体となった総合的なサービスの提供体制が必要であると考えました。

福祉事務所、児童相談所、保健所、市町村など行政機関における福祉・保健・医療の連携を促進する一方、地域の病院や医師会、歯科医師会などの福祉・保健・医療にかかる民間の機関・団体をも含めた横断的な調整システムを確立し、関係者が一体となってサービスを提供していくというサービスの総合化と重層化を図ることの大切さを説きました。これが保健福祉圏構想です。

福祉と保健の連携については、古くからその必要性が認められながらも、現実にはそう簡単なものでないことを、鎌田は後の文章で次のように書いています。

保健と福祉両サービスの連動、総合化ということは、地域で汗しているケースワーカーや保健師は、例えば昭和四〇年代の地域精神保健活動や乳幼児の早期療育活動などを通じ、身に沁みて感じ実践されてきたものである。それが高齢社会を目前にすることとなり、改めてその必要性が強調されてきたといえる。しかし、このことは今日になっても必ずしもうまくいっていないのはなぜなのか。

原因は、根深い民生、衛生のセクショナリズム、さらには両者のスタッフ自身にも問題がある。例えば保健師は人事異動によって福祉担当となる行政職員の対応の未熟さに対する不信感、福祉施策の申請主義に対して焦燥感を抱きやすい。また、両者に共通して言えることは、その専門性からくる独善性、視野狭窄などと言えるものである。地域ケアは、本来住民本意のサービスの総合性、継続性、個別性にあるわけで、そのためには両者の連動をどうして図ればよいかが問われる。

現場の職員が高め合う場、滋賀県社会福祉学会

保健と福祉に携わる職員、両者の意志の疎通と相互理解を図り、互いの弱点を補

う と共にサービスの実質的向上と連携化を推し進めるための一方法として「滋賀県社会福祉学会」を関係者とともに創設し、昭和五八年（一九八三）二月、教育関係者も含めた三者の賛意のもと第一回学会が開催されました。

先にスタートした滋賀県公衆衛生学会と同様に、いわゆる学術学会とは異なり、実践の中から明らかになった問題点を課題として、対応を検討しようというものでした。当初意図した保健と福祉関係者が一同に会して討論し、相互理解を深めただけでなく、それぞれの地域における柔軟な実践を生み出し、サービスの質の向上につながるという評価を得てより充実し、現在に引き継がれています。

人材育成

滋賀県は、医療面において、施設・設備などのハードをはじめ、医師・看護師などマンパワーの不足が目立ちました。

鎌田は、滋賀医科大学の滋賀県への誘致や看護職養成の施設増設拡充という基盤整備だけでなく人材の育成にも力を注ぎ、教育の中味にまで踏み込んだ議論を関係者と続けます。

とくに、母子保健推進の主要メンバーである助産師の不足を解消するため、その養成課程を創設しました。保健師については養成数の拡大を図ると共に、市町村に対し、保健師の配置を人口五〇〇〇人に一人、かつ複数配置を促し、地域保健をすすめる原動力としました。

看護職は健康で明るい高齢社会推進の担い手であるとして、魅力ある養成施設づくりに加え、自立的で自由な、学究的な教育が必要と、制度上の枠組みに心を痛めつつも、自ら教壇にも立ち、若い人たちに多くの示唆を与えました。

レイカディア～湖の理想郷づくりにかける～

やがて時代の移り変わりの中で、高齢化する社会への対応がクローズアップされてきました。

滋賀県では昭和六一年（一九八六）に滋賀県高齢化問題懇話会が設置され、誰もが輝く長寿県をめざして、高齢化対策のあり方と基本方向を示した提言「レイカディア構想」の検討が始まりました。厚生部長を最後に、県を退職した鎌田は、この年、県のレイカディア推進本部長に就任し、レイカディア一〇か年プランの策定、さらにはプランに描かれた計画の具体化を推進します。

県が、昭和六二年（一九八七）八月に策定した「レイカディア一〇か年プラン」は、高齢社会における人づくり、社会づくりの指針です。「レイカディア」は、レイク（湖）とアルカディア（古代ギリシャの景勝理想郷）とを合わせた造語で、湖の理想郷をつくろうという県の決意を込めたものでした。

計画は、「人」を中心とする発想に立って、高齢社会への対応を考えていこうとしたもので、高齢者福祉の充実、高齢者の社会参加、そしてそれらを支える人づくりとして、高齢化問題への理解と参加を促進し、役割分担と公私の協働により誰もが輝く地域づくりをすすめることを基本におきました。いつでもどこでも、誰もが同じ質と量のサービスを受けることができること、人々が住んでよかったと思える地域をつくることを目標として、主な施策が示されました。

レイカディア一〇か年プラン冊子

◎ケアシステム

高齢者が疾病や障害をコントロールしながら、自立的に健康で生きがいのある生活を送ることができるよう支援するとともに、日常生活上の援助を必要とする高齢者が、住み慣れた家庭や地域で安心して生活できる総合的なケアシステムを構築する。

◎レイカディアセンター

レイカディア構想推進の中核的施設として高齢化問題に関する調査・研究、各種情報の収集、総合的な相談および情報の提供、長寿社会を支える専門的人材の養成・研修、民間シルバーサービスの振興調整などの総合的な機能をもち、ホールや福祉保健機器等の常設展示場なども備えたセンターを整備する。

◎長寿科学研究センター

国が計画している長寿に関する老化のメカニズム解明から高齢者の社会参加に至るまでの幅広い自然科学、社会科学の両面にわたる総合的、学際的な研究をおこなう長寿科学研究センターの誘致をはかる。

◎生涯学習のネットワーク

人生八〇年時代を迎え、自己実現をめざして充実した人生を送りたいという要求が高まっている。一方、国際化、情報化、技術革新が進展するなかで、生涯にわたり新しい知識や技能を身につける必要性が高まっている。このため、生涯学習センターや地域学習センターを中心とする学習・文化情報のネットワークを整備するとともに、高齢者のための多様な学習機会を提供する。

◎シルバー就業システム

本格的な高齢社会の到来を迎え、社会の活力を維持するうえからも、高齢者の能力を積極的に活用していく必要がある。このような観点から、新たな就業形態の展開などをとおして、高齢者のもつ高い就業意欲や能力、経験が生かせる人生八〇年時代にふさわしい新たな就業システムの確立をはかる。

鎌田は、昭和三八年（一九六三）に制定された老人福祉法について、印象的な話をしています。

「老人福祉法第二条には、法律の目的が次のように書かれています。『老人は、多年にわたり社会の進展に寄与してきた者として、かつ、豊富な知識と経験を有する者として敬愛されるとともに、生きがいを持てる健全で安らかな生活を保障されるものとする』。この条文は『多年にわたり社会の進展に寄与し、かつ、豊富な知識と経験を有する者として』という言い方をしているだろう。特に目立った業績もなく、ごく普通の生活をしてきた人は敬愛されないのだろうか。知的障害のある人、重度の心身障害のある人は敬愛されないのだろうか。人間として敬愛される、かけがえのない命として敬愛されるということが大事なんだと思うけど、これはそんな意味にはとれんなぁ。だから好きになれんのだ」

鎌田は、高齢社会の問題は、高齢者をどうするかということではなく、高齢社会を生きるすべての世代について考えることが大切であると考えました。高齢期の生きがいという問題については、元気で自立した人たちの生きがいだけでなく、障害や疾病で援助を必要とする人たちの生きがいも忘れてはならないこと、援助を必要とする人に対するケアについては、サービスの総合性、継続性、個別性を基盤とすること、一人ひとりの尊厳を大切にし、要求（ディマンド）を聴く耳を持ち、その人の自立を支援するものであること、日常生活自立度（ADL＝Activity of Daily Living）の向上だけでなく、生活の質（QOL＝Quality Of Life）の向上を考えることが必要だと強調しています。レイカディア構想には、このような考え方がしっかりと息づいています。

県立福祉用具センターの誕生

平成九年（一九九七）一月、滋賀県立福祉用具センターがオープンしました。

一人ひとりのニーズに合った福祉用具の提供を目的とし、用具に関する相談、改良、開発さらには専門研修、ボランティア育成などの業務を他の機関や大学、外部の専門職との連携のもとに展開するこのセンターは、全国でも画期的な取り組みでした。

数年前、鎌田は、ストックホルムで初めて補助器具センターを見る機会を得ました。その時の衝撃の大きさはいかばかりだったでしょう。一人ひとりの障害に適合し、それぞれの要求に合った使いごこちの良い福祉用具を提供する、それには当然のことながら使用する人のからだと生活に合わせて改良することが必要であるという考え方、そしてそれにきちんと対応している福祉施策と障害をもつ人々の明るくて生き生きした市民生活。

「使用している用具は必ずしも個人にフィットしておらず、〝福祉用具とはこんなもの〟〝仕方ないから我慢しよう〟などの中で生活している。簡単に言えば、足に靴を合わすのではなく、靴に足を合わしてる」という日本の状況との落差の大きさを体得した。

この経験が「ひとりひとりのニーズに合った福祉用具を供給できるセンターが必要」という提案につながります。

ようやくわが国でも平成五年に福祉用具法が制定され、同時に全国八か所で福祉用具普及モデル事業がスタートします。滋賀県介護実習・普及センターは、この三か年にわたるモデル事業を通して、草の根の普及・啓発活動に取り組み、着実に福祉用具の利用をひろげることになりました。

こうして提案は、一気に肉付けされ、県として検討を重ねてきたことが現実のものとなったのです。

調査研究・琵琶湖長寿科学シンポジウム

平成二年（一九九〇）三月、レイカディア構想推進のための中核的組織として財団法人レイカディア振興財団が発足し、鎌田は副理事長に就任します。平成五年四月には、中核的施設と位置づけられたレイカディアセンター「県立長寿社会福祉センター」※がオープンし、ここを拠点に特色ある事業が展開されることになりました。

住民本意のサービスをつくっていくこと、そしてそのためには、科学的なデータの客観的な分析に基づきニーズを把握することを大切にしている鎌田は、高齢社会の様々な問題についての調査研究に力を注ぎます。

若い職員とともに、調査の企画を練り、アンケートを作成し、膨大な回収データを読み解き、結論と展望をまとめるという作業を精力的に進めました。教育と福祉との連携をテーマとした「児童生徒の福祉に対する意識調査」、高齢者の生活の質をテーマとした「中高年・高齢者の失禁実態調査」など、研究機関でない県レベルの組織がこのような研究活動に取り組んでいる例は全国的にも少なく、特色ある活

●県立長寿社会福祉センター
滋賀県社会福祉協議会などが入居する施設。通称レイカディアセンター。

動として現在に引き継がれています。

毎年一一月には、レイカディアセンターにおいて「琵琶湖長寿科学シンポジウム」と題した高齢者ケアに携わる現場の職員と研究者とによる研修会が開催されます。昭和六三年（一九八八）に第一回を開催し、今年で一九回を数えるこのシンポジウムは、二日間の日程で、保健福祉医療、それぞれの分野の専門家約一〇名を招聘《しょうへい》し、看護・介護の現場で働く職員が、高齢者ケアに関する最新の知見や情報に触れる機会として全国的に高い評価を得ています。

「学んだことがどれだけ実践に生かされていくか、これがこの取り組みのめざすところである」

高齢者保健福祉に携わる人づくりをすすめることによって、住民の視点に立った実践が次々と花開き、実を結んでいくことを、鎌田は何よりもうれしく思っています。

肩肘張らずに

鎌田が県の厚生部長当時、厚生省から滋賀県に赴任した辻哲夫は、『打診』に、

「鎌田学校に学んで」と題した一文を寄せています。

昭和五五年から五八年まで私は滋賀県庁厚生部（現在の健康福祉部）で社会福祉課長として鎌田さん（敬愛の念を込めてこう呼ぶことをお許し願いたい）に仕えた。

鎌田さんは、医者離れした方で、私ども部下に分け隔てなく淡々と時には熱く保健福祉システムのあり方を説かれた。行政は本当に困っている人を見出し優先して対応せねばならぬこと、そして、実証性を重んじつつ担当者が異動しても地域住民のために機能し続けるようなシステムを確立することが大切であることなど現在の私の行政官としての心構えの原点を教えて頂いた。鎌田さんは、自然科学はもとより古今東西の歴史や思想、更には詩歌にも通じた博覧強記の方であり、美味しいものを食べさせて頂きながら酒を酌み交わし、大いに人生のあり方も学ばせて頂いた。私が滋賀県庁を離任するとき、最後の一仕事があるといって私に滋賀県社会福祉学会の立ち上げを命じられた。それが今日まで続いているのは鎌田さんの地域への深い思いによるものであろう。（中略）

鎌田さんが、いつも最も強調されることはまず行動することの大切さである。

一方において、理想に燃えて作った地域のシステムも作ったとたんに自己目的化してしまい理想を失うことを憂いておられた。私自身現在の立場で大変共感するところがある。（略）

鎌田は、福祉の国と呼ばれるノルウェーを訪れたとき、オスロ市郊外の広大なフログネル公園で目にした光景、人間の誕生から死に至るまでのさまざまなポーズをした人間だけの裸像の大群と、その像によりかかったり、見つめあったり、像と思い思いの形で触れ合っている大人や子どもたちに、私たちがどこかで失った人生へのまなざしや平安で緩《ゆる》やかな時間を感じ、底に流れるヒューマニズムが胸に響いたといいます。

阪神大震災で多くの若者がボランティア活動に従事したことは記憶に新しい。今、超高齢社会への対応として、在宅ケアの充実とそのシステム化が進められているが、根幹となるものは、制度もさりながら人間同士の生活共同体意識とそれに基づく共助の行動である。また、いかにリスクを持つ人々の苦悩を共有し、人生の諸相を直視するか、から始まるといえるのではないか。今、その心を育てるため学校では試行錯誤の中、苦心して福祉教育の推進がなされているが、テレビ、塾通い、受験勉強に時間が費やされ、親との対話や友達と遊ぶための時間も遊び場もない。ただ、慌ただしくざらついた時間や空間の中で思いやりとか共感というものが生まれてくるのだろうか。これは子どもたちだけの話ではない。大人も含め、豊かな時間と空間が必要ではなかろうか。そうした中から平和を考え自分を見つめ、他人を思いやる心が生まれるものと思うのだが…（『打診』より）

福祉の制度が整うことが必要なのはいうまでもありませんが、制度を実際に支えていくのは、ごく日常的な人と人とのつながり、私たちの共同体の意識なのです。赤ちゃん、幼児、児童、生徒、大人、また、障害のある人、高齢者、病気のある人、どの人も、その人らしく、豊かな時間と空間の中で生活できる社会を造っていこう。そのために私は、自分にできることをしようという姿勢は、今も変わりません。

「誰々のためにやっている、何々のためにやっている、この○○のためにというのはおこがましいことです。僕も若いときはそうでしたが、『この人のために』『患者のために』というのは、相手にとっていい迷惑で、単なるしている側の自己満足に過ぎないのです。

医者として、死んでいく人を見るのはつらいことです。しかし、手の打ちようのないときもあります。無力さに打ちひしがれ、何もしてあげられない、何もできない、共に悩むしかないのです。『何もできんけどカンニンしてね。』こう謝りながら、〃共に悩む〃ことが原点だと思います。死に逝く人の中へ入っていける訳がなく、共に悩むことしかできないのです。多くの仕事ができたのは、何よりも先輩、後輩、同僚ら、『チーム』と『時』に恵まれたからです。

僕は今（平成一六年）七七歳だから、平均余命はあと四年。もし四年生きられたとしても、おそらく何年かは寝たきりやろな。」

〈参考図書〉
○鎌田昭二郎『打診』二〇〇二年
○滋賀県『レイカディア一〇か年プラン〜明るい長寿社会を拓く湖の理想郷づくり〜』一九八七年

■年表

西暦（元号）	7人の道のり	滋賀県・日本の出来事
1902（明治35年）	8月12日、山形県に生まれる（2歳で熊本に転居）（守田）	
1908（明治41年）	11月27日、福岡県に生まれる（小学2年で京都に転居）（池田）	
1909（明治42年）	9月1日、京都府舞鶴に生まれる（田村）	
1914（大正3年）	3月25日、岡山県に生まれる。（長尾） 3月29日、鳥取県に生まれる（糸賀）	7月、第一次世界大戦勃発
1919（大正8年）	3月、熊本県立第一高等女学校卒業（守田）	
1922（大正11年）	2月18日、岡山県に生まれる。（岡崎）	3月、京都で全国水平社創立大会開催
1927（昭和2年）	2月27日、滋賀県に生まれる（鎌田） 3月、京都府師範学校本科第二部を卒業（池田）	
1929（昭和4年）	3月、京都市教員養成所卒業（田村）	
1931（昭和6年）	4月、休職して京都府師範学校専攻科に入学、児童心理を学ぶ（池田）	9月、満州事変発生
1932（昭和7年）	京都府師範学校専攻科卒業し、京都市立第二衣笠小学校赴任（池田）	5月、5・15事件、犬養首相暗殺される
1933（昭和8年）	3月、京都府師範学校専攻科卒業（田村） 4月、京都市滋野小学校特別学級担任（田村） 4月、立命館大学に入学する（長尾）	3月、日本、国際連盟を脱退
1936（昭和11年）	1月、岡山歩兵第10連隊に入営し立命館大学を休学（長尾）	2月、2・26事件起こる
1938（昭和13年）	3月、京都帝国大学文学部哲学科を卒	1月、厚生省設置

	業（糸賀）	
1939（昭和14年）	10月、立命館大学に復学（長尾）	
1940（昭和15年）	1月、滋賀県社会教育主事補（糸賀） 7月、立命館大学を退学、旧満州国に勤務する（長尾）	
1941（昭和16年）	1月、滋賀県知事官房秘書課長（糸賀） 4月、京都帝国大学医学部入学。学生義勇軍の運動に参加し、当時滋賀県秘書課長であった糸賀一雄と出会う（岡崎）	3月、国民学校令公布 8月、県国民健康保険団体連合会創立 12月、太平洋戦争始まる
1943（昭和18年）	1月、糸賀が池田の案内で田村を訪ねる 4月、三津浜学園（虚弱児施設）に勤務（池田） 6月、兵事厚生課長を兼ねる（糸賀） 9月、経済統制課長（糸賀）	
1944（昭和19年）	4月、石山学園（知的障害児施設）に勤務（田村） 10月、応召され入隊。軍医として中国戦線に赴く（岡崎）	
1945（昭和20年）	8月、経済部食糧課長（糸賀） 8月、陸軍軍人の夫と次男が戦死。4月、三男が戦死（守田） 8月、ソ連に抑留される（長尾）	8月、ポツダム宣言受諾、敗戦
1946（昭和21年）	6月、復員。京都大学附属病院小児科に復職（岡崎） 9月、滋賀県遺族会を結成し、婦人部長に就任（守田）	2月、部落解放全国委員会結成 4月、第1回衆議院議員総選挙。女性議員39人誕生 6月、戦争未亡人初の組織化 9月9日、（旧）生活保護法制定

西暦（元号）	7人の道のり	滋賀県・日本の出来事
	11月、大津市南郷町に近江学園を創設（糸賀・池田・田村）	9月13日、民生委員令公布
1947（昭和22年）	1月、帰国（長尾）	4月1日、中央社会事業協会と日本私設社会事業連盟が合併し日本社会事業協会設立 8月6日、社会事業共同募金中央委員会発足 10月、社会保障制度調査会、社会保障制度要綱を答申 11月、日本国憲法。第1回共同募金開始 12月12日、児童福祉法制定
1948（昭和23年）	3月、滋賀軍政部厚生課に勤務（長尾） 4月、京都大学附属病院副手を辞し、近江学園園医となる。園の医務部長となる（岡崎） 10月、大津市未亡人会を結成し、会長に就任（守田）	7月29日、民生委員法制定 8月、（新）生活保護法制定 12月、国連総会世界人権宣言採択
1949（昭和24年）	3月、京都大学医学専門部卒業（鎌田） 9月、軍政部廃止により退職（長尾） 10月、滋賀県未亡人連絡協議会を結成し、会長に就任（守田）	12月26日、身体障害者福祉法制定
1950（昭和25年）	3月、雑誌「社会福祉研究」を主宰（長尾） 4月、会の資金づくりのため大津市競輪場内に売店「白菊」を開店（守田） 5月、落穂寮（重度の知的障害児施設）を開設（糸賀） 9月、大津市に勤務（鎌田） 11月、全国未亡人団体協議会副会長	5月4日、生活保護法制定 10月16日、社会保障制度審議会「社会保障制度に関する勧告」を提出 12月13日、地方公務員法公布 平均寿命、初めて60歳を超える（男58・0歳、女61・4歳）

	に就任（守田）	
1951（昭和26年）	10月、国民健康保険団体連合会に就職（長尾）	1月12日、中央社会福祉協議会設置（昭和30年に全国社会福祉協議会と改称） 3月29日、社会福祉事業法制定 3月、滋賀県社会福祉協議会設立（5月31日、財団法人認可） 5月5日、児童憲章制定・宣言 6月1日、社会福祉審議会設置（昭和38年8月、中央社会福祉審議会に改称） 9月、サンフランシスコ講和会議開催。日米安全保障条約調印 9月、県身体障害者連合会発足
1952（昭和27年）	びわこ競艇場内に売店「白菊」を開設（守田） 7月、滋賀県立信楽寮寮長（のちの信楽学園園長）に就任（池田） 8月、近江学園の副園長に就任（田村）	4月30日、戦傷病者戦没者遺族等援護法制定 5月、県社協社会福祉法人に組織変更 7月、共同募金運動要綱決定 12月、NHK歳末たすけあい運動開始 12月29日、母子福祉資金の貸付等に関する法律制定
1953（昭和28年）	3月、中央児童福祉審議会臨時委員（糸賀） 7月、あざみ寮（年長女子の知的障害者職業指導施設）と、日向弘済学園（年長男子知的障害児施設）を開設（糸賀） 9月、京都学芸大学（以後、滋賀県立短大、京都大学等）非常勤講師（糸賀） 「母子福祉基金の貸付等に関する法律」の制定と、母子相談員設置制度創設に尽力（守田） 12月、重度重複障害児を医局で受けとめる。後のびわこ学園へと発展する（岡崎）	4月、養老施設連絡協議会発足 6月、生活保護施設滋賀保護院、大津市松本町に設置 7月、生業資金、就学資金など貸付開始
1954（昭和29年）	5月16日、滋賀県社会福祉協議会に	4月、「県世帯更生運動実施要綱」策定

西暦(元号)	7人の道のり	滋賀県・日本の出来事
	就職(長尾) 8月、母子福祉貯蓄組合を結成(守田)	5月、日本社会福祉学会発足 5月19日、厚生年金保険法制定 この年、町村合併促進法により、県内市町村は6市26町90村となる。近江八幡市、八日市市誕生
1955(昭和30年)	4月、信楽青年寮を創設、寮長に就任(池田)	12月、全社協、小地域社会福祉協議会を任意設置として法制化することを厚生省に回答
1956(昭和31年)	11月、旧大津市役所内に、食堂を開設(守田) 社協活動白書が全国的に注目される(長尾)	2月、世帯更生資金貸付事業開始 5月、売春防止法公布 12月、国連総会、日本の国連加盟可決 この年、町村の合併・編入が進み、市町村は6市41町10村となる
1957(昭和32年)	12月、滋賀県母子福祉センターが竣工し、「のぞみ荘」と命名(守田)	4月、医療費貸付資金貸付事業開始 4月12日、国民皆保険推進本部設置 6月、「市町村社会福祉協議会当面の活動方針」決定 8月12日、朝日訴訟開始(岡山県の朝日茂氏が保護処分変更に対し提訴)
1958(昭和33年)	滋賀県母子福祉援護資金(小口資金)貸付制度創設に尽力(守田)	4月、県里親会連合会発足 11月、滋賀県内各種婦人団体が婦人保護協議会を設立 12月、厚生省、人口動態発表(平均寿命は男65歳、女69歳) 12月27日、国民健康保険法制定
1959(昭和34年)		4月、県民間社会福祉事業職員共済会発足 4月16日、国民年金法制定 6月9日、日本心身障害児協会創設 9月、県保母会結成総会 11月、国民年金法施行 11月30日、国連「児童の権利に関する宣言」を採択
1960(昭和35年)	7月、精神薄弱者福祉審議会委員(糸賀) 11月、第10回国際社会事業会議(ローマ)に出席、報告(糸賀)	3月31日、精神薄弱者福祉法制定 6月、新安保条約成立 7月25日、身体障害者雇用促進法制定 10月、朝日訴訟一審判決、現行生活保護基準は違憲と判決

1961（昭和36年）	4月、大木会一麦寮（精神薄弱児施設）を設立、寮長に就任（田村） 11月、「児童扶養手当法」制定に尽力（守田）	4月、国民年金（拠出制年金）発足 6月、3歳児健康診断実施（児童福祉法一部改正） 11月29日、児童扶養手当法制定（12月、公布）
1962（昭和37年）	映画「手をつなぐ子等」完成（田村）	4月、県保育協議会発足 4月、「社会福祉協議会基本要項」策定 4月、老人家庭奉仕事業開始
1963（昭和38年）	4月、びわこ学園開設。園長に就任（岡崎） 10月、滋賀県社会福祉協議会事務局長就任（長尾）	4月、県立高等看護学院開校、県立保健看護専門学院と改称 7月11日、老人福祉法制定 8月、滋賀県民生委員協議会連合会発足 8月、老人福祉法施行
1964（昭和39年）	4月、中央児童福祉審議会委員（糸賀） 6月、母子福祉法成立に尽力（守田）	4月、福祉事務所に家庭児童相談室の設置 7月1日、母子福祉法制定 7月2日、重度精神薄弱児扶養手当法制定
1965（昭和40年）	1月、滋賀県精神薄弱者愛護協会設立、会長に就任（糸賀） 2月、滋賀県児童収容施設協議会設立、会長に就任（糸賀） 4月、滋賀県庁に入り、滋賀県八幡保健所長（鎌田） 4月、全国社会福祉協議会心身障害児福祉協議会委員（糸賀）	2月、県児童収容施設協議会発足 8月18日、母子保健法制定 9月、県老人福祉施設協議会発足
1966（昭和41年）	2月、第二びわこ学園開設。園長を兼務する。（岡崎） 4月、滋賀県母子福祉援護資金（結婚資金）貸付制度創設に尽力（守田）	3月26日、初の心身障害者の村（コロニー）を群馬県高崎市に建設 4月、市町村社協福祉活動専門員設置（国庫補助開始） 6月、虎姫町社協が、県下初めて社会福祉法人の認可を受ける 7月15日、特別児童扶養手当法制定（重度精神薄弱児扶養手当法改正） 9月、「敬老の日」国民の祝日となる 10月、厚生年金基金制度発足
1967（昭和42年）	1月、「朝日社会奉仕賞」を受賞（糸	4月、社会福祉法人滋賀県社会福祉事業団創立

西暦（元号）	7人の道のり	滋賀県・日本の出来事
	賀） 4月、全国未亡人団体協議会会長（守田） 大津市役所新庁舎で、食堂、喫茶、売店を開設（守田）	8月1日、重症心身障害者施設法制化
1968（昭和43年）	4月、社会福祉法人びわこ学園理事長（岡崎） 7月、大木会を設立、理事長に就任（田村） 9月17日、滋賀県児童福祉施設等新任職員研修会講義中に倒れ、18日に死去 54歳（糸賀）	3月、全社協、「市町村社協当面の振興方策」策定 8月、滋賀県厚生会館開館 11月20日、国連「児童権利憲章」を採択
1969（昭和44年）	検診事業、地域医療のサポート（鎌田）	5月、滋賀県立養護学校開校 12月、心身障害者扶養保険制度実施
1970（昭和45年）	3月、県立信楽学園園長を辞任（池田） 4月、滋賀県精神薄弱者愛護協会会長（田村）	3月、滋賀県心身障害者扶養共済制度条例 4月、救護施設県立日野渓園設置 5月21日、心身障害者対策基本法制定
1971（昭和46年）	4月、「滋賀県母子家庭自立促進奨励事業」（利子補給金）創設に尽力（守田）	5月27日、児童手当法制定 11月、老齢年金（10年年金）の支給開始 12月、滋賀県家庭奉仕員連絡協議会発足 12月20日、国連「精神薄弱（知的障害）者の権利宣言」を採択 この年、県内市町村数は、7市42町1村となる
1972（昭和47年）		1月、児童手当制度発足 6月、老人福祉法改正公布（70歳以上の医療費無料　翌年1月実施） 8月、心身障害児通園事業実施要綱施行 この年、福祉元年といわれる
1973（昭和48年）	朝日社会奉仕賞受賞（田村）	4月、市町村社協予算対策特別委員会発足

	4月、滋賀県草津保健所長（鎌田） 12月31日、滋賀県社会福祉協議会退職（長尾）	
1974（昭和49年）	4月、風の子保育園開設（長尾） 5月、日本重症児福祉協会常務理事（岡崎）	6月22日、特別児童扶養手当等の支給に関する法律制定（心身障害者福祉手当制度の創設） 10月、滋賀医大開校
1975（昭和50年）	3月、一麦寮退職（田村） 4月、滋賀県厚生部医務予防課長（鎌田） 10月、「滋賀県母子家庭介護人派遣制度」創設に尽力（守田）	4月、県在宅重度障害者住宅増改築資金貸付事業開始 4月、滋賀県立特別養護老人ホーム「福良荘」設置 5月、滋賀ボランティア連絡協議会結成 6月、大津養護学校設置 12月9日、国連「障害者の権利宣言」を採択
1976（昭和51年）	7月、滋賀県地方社会福祉審議会委員。（岡崎） 9月、滋賀県総合開発審議会特別委員（岡崎） 10月、「滋賀県母子家庭医療費公費負担制度」創設に尽力（守田）	滋賀県保健医療計画策定・保険医療圏設定 7月、県人口が100万人突破
1977（昭和52年）		5月27日、琵琶湖に赤潮が大発生 6月、「全国共同作業所連絡会」発足 6月24日、1歳6カ月児健康診査制度の創設 平均寿命世界一となる（男72・69歳、女77・95歳）
1978（昭和53年）	4月、滋賀県遺族会会長（守田）	4月、民間社会福祉事業振興福祉基金創設 6月、ボランティア災害共済制度の創設
1979（昭和54年）	第9回毎日社会福祉顕彰を受賞（池田） 朝日社会福祉賞を受賞（池田） 5月、茗荷会が発会し、代表に就任（田村） 8月、救急医療情報センターを設置	9月、県民福祉大学校開校（大津市、彦根市） 10月、県議会、琵琶湖の富栄養化防止条例可決 12月、初の『高齢者白書』発行

西暦（元号）	７人の道のり	滋賀県・日本の出来事
	（鎌田） 映画「茗荷村見聞記」（田村）	
1980（昭和55年）	4月、滋賀県厚生部技監（鎌田） 京都新聞社会福祉功労賞受賞（田村）	2月22日、厚生省、保育所における障害児の受け入れについて通知 3月、共同作業所滋賀地域連絡会発足 7月、県ボランティアセンター開所 7月、全国ホームヘルパー協議会発足
1981（昭和56年）	「母子及び寡婦福祉法」成立に尽力（守田）	国際障害者年 1月、滋賀県社会福祉計画策定・福祉圏設定 6月11日、母子及び寡婦福祉法制定（母子福祉法から改正） 10月、第17回全国身体障害者スポーツ大会びわこ
1982（昭和57年）	4月、滋賀県厚生部長（鎌田） 7月、大萩茗荷村を開村（田村）	3月23日、国際障害者年推進本部「障害者対策に関する長期計画」を決定（雇用、教育、住宅など） 8月17日、老人保健法制定（老人医療費支給制度を廃止） 10月、滋賀県障害者対策長期構想策定 10月、滋賀県ホームヘルパー協会発足
1983（昭和58年）	4月、滋賀県母子家庭等児童高校入学奨学基金制度創設に尽力（守田） 9月、全国社会福祉協議会・心身障害児福祉協議会副会長。（岡崎）	国連・障害者の10年 2月、第1回滋賀県社会福祉学会開催 2月、老人保健法施行（70歳以上の医療費無料廃止） 4月、社会福祉事業の一部を改正する法律案可決（市町村社協の法制化） 6月、厚生省、在宅心身障害児（者）療育事業実施要綱を施行 6月17日、社会福祉事業法改正（市町村社会福祉協議会の法制化）
1984（昭和59年）	4月、社会福祉法人びわこ学園が県立むれやま荘の運営を委託され所長に就任。びわこ学園名誉園長となる（岡崎）	滋賀県福祉保健医療圏構想策定委員会 6月、日本人の平均寿命は男女ともに世界一 8月、健康保険法改正（本人医療費1割負担） 8月9日、身体障害者福祉法改正法（身体障害者の範囲拡大等）
1985（昭和60年）	1月、朝日社会福祉賞受賞（岡崎） 3月、寮長を退任し、法人しがらき会理事長に就任（池田）	5月1日、国民年金法等改正法（基礎年金導入、退職者医療制度、婦人の年金権利確立） 6月、男女雇用機会均等法公布

	毎日社会福祉顕彰受賞（田村）	
1986（昭和61年）	3月、滋賀県庁を退職（鎌田） 4月、滋賀県理事員（非常勤）、滋賀県レイカディア推進本部長（鎌田）	4月、県レイカディア推進本部設置 6月、「長寿社会対策大綱」を閣議決定 12月22日、老人保健法改正（老人保健施設創設）
1987（昭和62年）	6月11日、死去　65歳（岡崎） 12月14日、死去　79歳（池田）	5月1日、障害者の雇用の促進等に関する法律 5月26日、社会福祉士及び介護福祉士法制定 7月、滋賀県高齢者総合相談センター「シルバー110番」開設 8月、レイカディア10か年プラン策定 9月26日、精神保健法（精神衛生法から改正、人権擁護と社会復帰） 11月、抱きしめてＢＩＷＡＫＯ
1988（昭和63年）		9月、琵琶湖長寿科学シンポジウムを開催
1989（平成元年）		3月、財団法人レイカディア振興財団発足 4月、大津市に龍谷大学の理工学部・社会学部が新設開校 11月、滋賀県新社会福祉計画策定・新福祉圏設定 12月21日、厚生・大蔵・自治省「高齢者保健福祉推進十か年戦略」（ゴールドプラン）策定
1990（平成2年）	3月、滋賀県レイカディア振興財団副理事長（鎌田） 6月、関西大賞さわやか賞受賞（守田）	4月、滋賀県文化短期大学が八日市市布施町で開校 6月29日、老人福祉法等の一部を改正する法律〔社会福祉関係8法改正〕 8月、県、障害者福祉センター設置 9月、第3回全国健康福祉祭（ねんりんピック）びわこ大会開催 10月1日、生活福祉資金貸付制度成立（世帯更正資金貸付制度を改称）
1991（平成3年）		5月2日、育児休業法制定 10月、滋賀県福祉人材情報センター開設 10月4日、老人保健法改正（老人訪問看護制度の創設）
1992（平成4年）		2月、湖国しがゴールドプラン（高齢者保健福祉推進10ヶ年戦略）策定 4月、福祉人材確保法成立 6月、県、精神保健総合センター開設 6月19日、福祉人材確保法制定（社会福祉事業法一部改正）
1993（平成5年）	石井十次記念賞受賞（田村）	3月22日、障害者対策推進本部「障害者対策に関する新長期計画」を策定

西暦（元号）	7人の道のり	滋賀県・日本の出来事
1994（平成6年）	4月、滋賀県保健衛生協会理事長（鎌田）	5月、県介護福祉士会設立 8月、県立長寿社会福祉センター（レイカディアセンター）開所 12月3日、障害者基本法制定（心身障害者対策基本法の改正） 3月、滋賀県高齢者保健福祉計画策定（湖国しが新ゴールドプラン） 6月、ハートビル法（高齢者、身体障害者等が円滑に利用できる特定建築物の建築の促進に関する法律） 6月22日、地域保健法制定 10月、滋賀県住みよい福祉のまちづくり条例公布、一部施行 12月16日、文部・厚生・労働・建設省「今後の子育て支援のための施策の基本的方向（エンゼルプラン）」の策定 12月18日、新ゴールドプラン策定
1995（平成7年）	5月、茗荷会例会157回をもって終了（田村） 11月8日、死去　86歳（田村）	1月17日、阪神・淡路大震災発生 3月、滋賀県住みよい福祉のまちづくり推進会議設立 5月19日、精神保健及び精神障害者福祉に関する法律制定（精神保健法から改正） 11月15日、高齢社会対策基本法 12月18日、厚生省、「障害者プラン～ノーマライゼーション7か年計画」を策定
1996（平成8年）		11月、糸賀一雄記念財団発足
1997（平成9年）		1月、県立福祉用具センター開所 6月11日、児童福祉法改正〔保育所の措置から利用申請方式への転換、養護施設（児童養護施設へ）、母子寮（母子生活支援施設へ）、教護院（児童自立支援施設へ）名称変更等〕 10月、滋賀県子育て支援総合計画「淡海エンゼルプラン」策定 12月17日、介護保険法制定（社会福祉サービスへの保険方式の導入） 12月19日、精神保健福祉士法・言語聴覚士法制定
1998（平成10年）	風の子保育園二〇周年を機に園長を辞任（長尾）	3月19日、特定非営利活動促進法（NPO法）成立 4月、教育職員免許取得者介護等体験事業開始

		7月、「淡海ひゅうまんねっと（滋賀県権利擁護センター・高齢者総合相談センター）開設 9月28日、精神薄弱者の用語整理のための関係法律の一部を改正する法律（精神薄弱から知的障害へ用語の整理）
1999（平成11年）		7月、厚生労働省設置法成立
2000（平成12年）		3月、県健康福祉総合ビジョン策定 4月1日、「介護保険法」施行。「成年後見制度」スタート 5月、社会福祉法成立 5月、交通バリアフリー法（高齢者、身体障害者等の公共交通機関を利用した移動の円滑化の促進に関する法律） 5月24日、「児童虐待の防止に関する法律」公布 6月7日、「社会福祉の増進のための社会福祉事業法等の一部を改正する等の法律」の公布〔社会福祉事業法（社会福祉法に題名改正）〕
2001（平成13年）		11月、第9回世界環境湖沼会議開催
2002（平成14年）		8月7日、「ホームレスの自立の支援等に関する特別措置法」公布 9月30日、厚生労働省「少子化対策プラスワン」発表
2003（平成15年）	4月、滋賀県社会福祉協議会副会長（鎌田）	4月、滋賀県社会福祉協議会とレイカディア振興財団が統合 4月1日、「支援費制度」施行 7月16日、「次世代育成支援対策推進法」公布

あとがき

滋賀県人の特性を、「琵琶湖の鮎」にたとえられることがよくあります。それは、琵琶湖で捕獲された鮎の稚魚が、県外の河川に放流されると、大きな鮎に成長するが、琵琶湖でそのまま生息する鮎は子鮎のままである。すなわち、滋賀県人は近江商人のように県外に仕事を求める人は大成するが、県内にとどまる人は大成しないといわれてきました。

今回登場いただいた七人の内、鎌田昭二郎先生を除く六人までが県外出身で、社会福祉の充実のためにそれぞれの立場から貢献いただきました。滋賀県人は、先頭に立ってことを進めるのは苦手ですが、県内人・県外人にかかわらず、ほんまもんを見抜き、排他的にならず、こじんまりとはしていながらも、そのリーダーの下、着実に歩むという特性を持ち合わせているといえます。

福祉の斯界をリードされてきた先輩の事績を一冊の本にし、一人ひとりの歩みの中から福祉を学び、今を託されている私たちが、日々の仕事に黙々と励むだけでなく、明日を展望できる「本」をつくろうと、滋賀県社会福祉協議会内の職員で構成するプロジェクトチームを組織し、「人づくりの名人」といわれ、知的障害者福祉の制度化をリードされた糸賀一雄先生、「自覚したものが責任を取る」と率先垂範された池田太郎先生、飄々《ひょうひょう》とされながらも「流汗同労」を実践された田村一二先生、優しい眼差しではありながら「熱願冷諦」で事に当たってこられた岡崎英彦先生、「わが幸は　わが手で」と母子福祉の充実のため東奔西走されてきた守田厚子先生、いつも小地域の視点から「囲いのない福祉」の実現を目指されている長尾寿賀夫先生、ニーズに気づいたものが実践する「福祉行政をリード」した鎌田昭二郎先生に関する資料集めをはじめました。これら先生方の事績は、お一人おひとりに膨大なものがあり、それぞれ一冊ずつにまとめ上げても足らないことを実感しました。しかし、これら先生方を、一冊の本で、その思想、実践、情熱などの一端を紹介することも、私たち社会福祉協議会の役割と割り切り、稚拙ながらもまとめることとしました。

七人の先生は、情熱を持ち続けられ、社会福祉制度の充実のため、渾身の努力をしていただいてきたことを、改めて実感しました。と同時に、その足跡が、今日の制度化などに連綿とつながっています。先生方に共通するのは、常に人と人のつながりを大切にしながら、いつも、明日を見つめて取り組まれる姿勢であります。

当然、自分の職場は一番大事です。しかし、福祉の仕事では、異分野といわれる人々とのつながりを持ちながら、日々の業務に携わることの大切さを教えていただいているように思います。

昭和五〇年（一九七五）、田村先生が、一麦寮寮長を退職された直後の講演で、他県から滋賀県に来られた障害児を持つお母さんが、「この子と町を歩いていても、滋賀県では、私たち二人を見ても、刺すような目がないのでホッとします。」と話されるのを聞きました。大津市の障害児の就学前全入保育にも見られるように、他府県に先駆けた障害児者福祉の取り組みが、障害者とともに暮らすことが当たり前のこととして、県民の意識の中に定着化してきていることの証《あかし》と思ったことを思い出します。

今、施設解体論など、入所施設否定ともとれる積極的な福祉のありようが声高に言われる向きもあります。しかし、昭和三〇年代から始まる池田先生の民間下宿、五〇年代はじめの武村正義滋賀県知事時代の全国に先駆けた無認可共同作業所、生活ホームへの大幅な滋賀県単独助成、さらには抱きしめてＢＩＷＡＫＯにも見られる「いのち」を大事にする県民の共感など、地道な取り組みが、障害を持つ人が自分の住む地域で当たり前に生活できる土壌を醸成してきていることを確認しなければなりません。

わずかな紙幅でそれぞれの先生の生きざま、考えなどを十分に言い尽くすことはできませんでしたが、本書をきっかけにして、それぞれの先生の著書などを手許にして、糧としていただくことを希望します。

最後になりましたが、本書刊行にあたり、編纂委員として種々ご指導いただきました、田中博一先生、清水教惠先生、それに故渡辺武男先生に、さらにこのプロジェクトにかかわった職員諸君の頑張りに、心からお礼を申し上げます。

編纂委員代表
滋賀県社会福祉協議会副会長　嶋　川　尚

◆「みんなちがって みな同じ」編纂委員

◎田中　博一　　滋賀文化短期大学 学長
◎清水　教惠　　龍谷大学 社会学部 教授
◎渡辺　武男　　同志社大学 文学部 教授（平成16年３月死去）
◎嶋川　　尚　　滋賀県社会福祉協議会 副会長

◆「みんなちがって みな同じ」出版プロジェクトメンバー（滋賀県社会福祉協議会）
平成15年４月～16年９月

中冨　雅史	常務理事 兼 事務局長	平成16年４月から
渡邉　光春	常務理事 兼 事務局長	平成16年３月まで
山中　敏夫	福祉人材センター 所長	平成16年３月まで
谷　　元志	相談支援部長	平成15年４月から
森井　　啓	地域福祉部 福祉企画担当 課長	平成16年４月から
谷口　郁美	地域福祉部 福祉企画担当 主査	平成15年４月から
奥村　　昭	地域福祉部 福祉企画担当 主査	平成15年４月から
栗田名都子	地域福祉部 福祉企画担当 主事	平成15年４月から

みんなちがって みな同じ
―社会福祉の礎を築いた人たち―

平成十六年九月二十五日発行

編著者　社会福祉法人　滋賀県社会福祉協議会
〒五二五―〇〇七二　滋賀県草津市笠山七―八―一三八
県立長寿社会福祉センター内
☎〇七七―五六七―三九二〇

発行　サンライズ出版株式会社
〒五二二―〇〇〇四　滋賀県彦根市鳥居本町六五五―一
☎〇七四九―二二―〇六二七

印刷・製本　株式会社　渋谷文泉閣

Ⓒ 滋賀県社会福祉協議会
ISBN4-88325-261-2 C0036

定価はカバーに表示しております。